Para

Com votos de muita
paz e luz.

//

Iluminado despertar

MasterBooks

MasterBooks
6136 NW 53rd Circle, Coral Springs, FL 33067
Email: Masterbooks@masterbooksus.com
Contact@masterbooksus.com
Para maiores informações, entre em contato com a
MasterBooks pelo telefone 1-954-850-0802

REVISÃO
Jaqueline Antoun
CAPA E PROJETO GRÁFICO DE MIOLO
André Stenico
IMAGENS DE CAPA:
Criada através de Inteligência Artificial (IA)

CATALOGAÇÃO ELABORADA NA EDITORA
Kiko, (Francisco) (espírito)
Iluminado Despertar / Francisco (Kiko) (espírito);
psicografia de Umberto Fabbri. – Coral Springs, FL :
MasterBooks, 2023.
330 p.
ISBN 9798395360304
1. Romance mediúnico. 2. Espiritismo. 3. Obra Mediúnica.
I. Título.
CDD 133.93

UMBERTO FABBRI
FRANCISCO (KIKO)

Iluminado despertar

MasterBooks

Sumário

Prefácio

Atribuímos ao tempo o trabalho silencioso em nossas mudanças, esquecendo-nos, por vezes, que apenas nos utilizamos dele para que a nossa natureza possa agir e alterar posicionamentos inadequados e estimular as nossas qualidades.

Foi aguardando que ele passasse, segundo as medições que utilizamos, para que eu pudesse analisar o curto período de minha última existência na Terra, quando inadvertidamente desprezei a oportunidade de crescimento a mim oferecida pela bondade do Criador.

No entanto, pelo Seu pleno amor, somos convidados e não forçados a operar mudanças à medida da nossa conscientização, para que elas não apenas façam sentido para nós que somos Espíritos em evolução, como também possam ser totalmente aproveitadas.

Umberto Fabbri | 9

Sempre é tempo para alterações de rumo, o que ocorre sutilmente, onde pessoas surgem e passam a ser verdadeiros sustentáculos em nossas vidas, como verdadeiros faróis a iluminar nossas decisões, levando-nos a raciocinar sobre elas, sem qualquer imposição, até porque, o bem não é imposto.

Estímulos positivos se apresentam todos os dias e, se observarmos com cuidado, veremos as ofertas de trabalho a começar de nós mesmos, pois ele é de fato o sustentáculo do nosso equilíbrio, a se refletir em nossos semelhantes.

As experiências que procuro narrar de forma sintética para você amigo/a leitor/a, demonstra com clareza que podemos ser felizes dentro do possível em nossa escalada evolutiva, desde que prestemos a devida atenção aos sinais que a própria vida nos oferece, usando do conhecimento adquirido e agindo, levando em conta o sentimento e a razão, atitudes essas que, de início, foram relegadas a segundo plano por mim.

Esperando que a minha trajetória seja de alguma forma útil para você, me despeço solicitando que o Senhor abençoe os nossos esforços no bem.

Francisco (Kiko)

CAPÍTULO 1

Vida boa

Eu sou daqueles que não poderia reclamar das circunstâncias da minha experiência planetária, pelo menos a princípio.

Nasci em berço dito privilegiado segundo alguns, por contar com pais bem-sucedidos na área comercial, proprietários que eram de uma rede de drogarias entre outros negócios de vulto, que traziam um conforto muito acima da média dos afortunados cidadãos.

Desde a minha mais tenra idade, contávamos com um verdadeiro batalhão de funcionários para gerir a imensa propriedade onde vivíamos em bairro nobre da capital do estado e, no meu caso especificamente, até uma babá fora designada para me atender, que era logicamente inclusa em nossas viagens e qualquer outra atividade que ocorria, exceção feita em participação que não fosse adequada pela extensão do horário dos eventos.

Filho único, herdeiro nato do patrimônio, em mim eram colocadas todas as esperanças do casal e, exatamente por isso, eu possuía um tratamento digno de príncipe, que em breve tempo, seria um rei.

Atividades ditas culturais não me faltavam, com a inclusão de um esporte, aula de piano, língua francesa à época, e tão logo alcancei a idade escolar, a instituição que me aguardava era a mais conceituada no país, de onde eu deveria um dia sair para a formação no exterior, até porque, a sociedade demandava de alguém do meu nível e possibilidades que fosse altamente classificado para o gerenciamento adequado de um patrimônio tão expressivo.

Professores particulares aplicados para reforços ou mesmo auxílio em determinados pontos não me faltavam em momento algum.

Um outro item não menos importante estava ligado à área da saúde com médicos zelosos, sendo um deles particular, que se revezavam não apenas no cuidado dos meus pais, mas principalmente da minha pessoa, onde contávamos também com um controle sobre a alimentação através de chefe devidamente escalado para tal prestação de serviço.

No lazer, viagens culturais, como muito apreciadas pela minha mãe, eram no mínimo duas por ano, período das minhas férias escolares, podendo conhecer os mais variados locais onde a humanidade havia brotado com o melhor nível de classe da época, dando preferência óbvia pelo gosto da família, sendo o foco central, a Europa.

Algo também voltado a um certo grau de ostentação, pois em conversas nas rodas de amigos ou parentes, quando recepcionados em nossa casa, coisa que era de certa forma habitual, esses assuntos se tornavam frequentes e, aliás, gradativamente foram ficando cansativos para mim, principalmente quando eu vivia a pré-adolescência, contando com 12 para 13 anos.

Os eventos passaram a ser aborrecidos e as conversas enfadonhas, incluindo as viagens que já não me interessavam, principalmente por estar na companhia dos meus pais, que davam-me a impressão de continuar a me ver como uma criança recém-saída do berço.

Somente com os meus colegas de escola, meninos da minha idade, havia uma boa conexão, porque nos entendíamos perfeitamente, principalmente quanto às nossas interrogações e um bom grau de rebeldia, apesar da boa vida que levávamos.

Era algo que se assemelhava a sermos rebeldes por prazer e contestadores contumazes de tudo e de todos, mas naturalmente sendo sustentados pelo dinheiro farto provindo dos pais, atendidos que éramos em todos os nossos gostos e exigências.

O meu pai, mais severo às vezes, ralhava comigo. Contudo, a cobertura que me era dada pela minha mãe e mesmo alguns dos funcionários – que me conheciam desde que eu houvera vindo ao mundo –, garantia o meu estado rebelde, sendo mais ou menos o que ocorria na casa dos meus amigos, cujo padrão social era muito semelhante.

Enfim, eu reclamava e exigia, sem ter muito do que de fato reclamar ou exigir.

CAPÍTULO 2

Vazio interior

Eu possuía tudo em termos materiais. Mais do que a minha idade poderia necessitar considerando os ítens mais básicos, que eram sempre em excesso: guarda-roupas abarrotado, jogos, bicicletas, gorda mesada, enfim, exageros de toda sorte.

Entretanto, um vazio começou a se fazer no meu interior sem explicação plausível. Passei a me sentir apartado de tudo o que me interessara até então, não encontrando mais argumentos que me motivassem a estudar e recusando tudo o que me era ofertado, inclusive algumas viagens com os meus pais, procurando ficar só no meu quarto, principalmente nos finais de semana, onde eles se dirigiam invariavelmente para a nossa casa no litoral ou outra, verdadeira mansão que possuíamos em uma das nossas fazendas.

O contato com a natureza, que eu tanto apreciava no início, passou a ser motivo de desprezo, e uma irritação estranha apossou-se de mim em determinados momentos, deixando-me ainda mais isolado das demais pessoas.

Somente dois dos meus colegas de classe eram aqueles que eu mais me identificava e com os quais passei a faltar às aulas, arranjando maneiras de nos divertirmos durante esse expediente em fliperamas, coisas que na época não eram permitidos para menores de dezoito anos, mas que encontrávamos alguns estabelecimentos que mantinham às escondidas, em local reservado, as máquinas com as quais matávamos o tempo.

De início, nenhuma mudança de maior vulto ocorria na minha personalidade, porém, a minha mãe, preocupada, solicitou ao facultativo que nos atendia exames os mais diversos, no intuito de verificar como estava a minha saúde, o que foi classificada dentro dos padrões normais, sendo apenas feita a observação de que tudo não passava do período da adolescência, descartada obviamente, pelos preconceitos da época, a visão sobre as condições psíquicas, porque era inadmissível em nossa posição social eu vir a sofrer de algum distúrbio nessa área.

Ele não demorou muito a ser tratado de uma outra forma – a mais equivocada que poderia se apresentar – com a oferta, tanto para mim como para os meus dois colegas, de um produto que, segundo o vendedor, aliviaria o nosso estado melancólico, servindo como verdadeiro estímulo para momentos mais felizes.

Com o dinheiro fácil que nós três recebíamos mensalmente, adicionado ainda com pedidos extras feitos à minha genitora, que sempre me atendia, como também era assim o comportamento das mães dos meus colegas, passamos a adquirir de um rapaz no local onde frequentávamos para os nossos momentos de lazer, que se tornavam únicos, aquele pó branco mágico e especial, a cocaína, cujo nome vulgar era, naquele tempo, conhecido entre nós como farinha.

Não demorou para a escola se manifestar com boletins e mensagens para os meus pais, que eram devolvidos com as devidas falsificações das assinaturas – situação essa que iria ter um prazo curto de duração, pois um telefonema da direção da instituição dava conta aos meus genitores da situação em que eu me encontrava.

A reunião fora marcada, onde ambos comparecem, não dispensando a minha presença, coisa que pouco me importava naquela altura o resultado que viria a ter. Afinal, apesar da minha pouca idade, eu passara a ser dono de uma arrogância um tanto quanto desafiadora.

CAPÍTULO 3

Tola prepotência

Naqueles momentos de reunião na instituição escolar ocorrida com os meus pais, senti que a sorte, por acreditar em algo tão subjetivo, estava literalmente do meu lado, em virtude de o diretor ter sido extremamente infeliz em suas colocações, segundo a opinião do meu genitor, que melindrado como era, sentiu-se agredido pelas referências à minha pessoa.

Analisando de uma forma geral o que fora dito, segundo ouvi depois reservadamente da minha mãe, em nada a verdade deixou de ser revelada, contudo, o orgulho de família, condição social, expressada de maneira a considerar a escola como mera prestadora de serviços, foi o ponto mais forte para excluir-me de responsabilidades que eram minhas.

Mas, como dizem, a sorte anda ao lado daqueles que vão vencer e, sinceramente, eu me considerava, na altura dos acontecimentos, como fruto inicial dos efeitos produzidos pela cocaína, um vencedor, um reizinho inteligente e em pleno processo de consolidação dos meus objetivos, que de fato não eram nenhum, a não ser continuar mantendo a vidinha vazia e sem compromissos que me era oferecida.

A indignação foi tamanha, que a transferência de escola deu-se no meio do ano e, por sugestão minha, acatada pelo meu pai, via trabalho considerável que eu realizara com a minha genitora, fui parar em um colégio que eu sabia ser fraquíssimo em comparação àquele que eu deixara.

Isso facilitaria a minha vida, porque eu poderia levar os tais estudos de forma displicente, como os meus dois camaradas que já haviam convencidos os seus pais a respeito da transferência, e foi por sugestão deles e para manter a nossa união, que terminei por ficar no mesmo ambiente.

Interessante que, sem aceitar tal realidade, parece que algo, que alguns atribuem ao tal de demônio, gerencia o que estamos fazendo de incorreto, porque tudo se encaixava numa velocidade gigantesca, reforçando obviamente os interesses que eram e partiam de mim mesmo.

Seria como contratar um competente advogado que, aos poucos, abria as portas sob uma procuração que sequer era preciso ser dada.

Com isso, o comparecimento às aulas eram mínimos e, com perspicácia, logo, tanto eu como os meus colegas, tínhamos ficado amiguinhos de uma das moças da secretaria, a qual presenteávamos para que não fossemos reprovados por faltas, e em alguns episódios, ela facilitava gabaritos das provas, pois o que fazíamos mesmo era suborná-la com valores expressivos, comparados ao salário que lhe era reservado.

Interessante como a pouca idade, minha e dos meus parceiros, em nada interferia nessas tramoias, que pareciam ser inspiradas e claramente atribuíamos à nossa inteligência e condição superior que mantínhamos orgulhosamente.

Enquanto isso, o nosso fornecedor era impecável, trazendo um produto de excelente qualidade e com segurança, o qual custava mais caro que a média, mas, segundo a nossa opinião, valia cada centavo e, também, não corríamos riscos desnecessários em relação a nossa condição aparentemente saudável, incluindo ainda, qualquer autoridade que procurasse coibir o tráfico ou o uso do produto.

Desta forma, em nossa tola prepotência, nós três acreditávamos sermos invencíveis, principalmente quando nos encontrávamos sob efeito da tal da farinha.

CAPÍTULO 4

Acidente

Com verdadeiro endosso recebido pela postura paterna e com o beneplácito da minha mãe, fui tocando a minha vida de forma cada vez mais irresponsável com o passar do tempo, mais curto do que eu poderia supor.

Próximo de completar o meu aniversário de dezesseis anos, em um dos meus dias de loucura extrema, com uso excessivo da droga que gradativamente me consumia, ao sair do ambiente onde continuava a negociar o produto, ao atravessar a rua, sem a preocupação em olhar para ambos os lados, dei preferência para o ponto de maior movimento e fui subitamente colhido por um veículo que vinha em sentido contrário, onde eu praticamente colidi com o mesmo, batendo fortemente a cabeça na sua estrutura, girando o corpo sobre ele em velocidade para, em seguida, desabar no asfalto.

As imagens que se sucederam foram todas em movimento de câmera lenta, dando-me a visão de cada detalhe, sentindo em seguida uma dor incontrolável no crânio, como se ocorresse com ele uma separação óssea, de difícil compreensão, parecendo que uma lâmina fosse inserida em seu interior.

Ainda por alguns segundos, pude ouvir, ou achei que escutava, a voz do provável motorista que falava com outra pessoa, dizendo que precisaria levar-me ao hospital ou chamar o serviço de resgates, porque eu me encontrava desmaiado, no que foi aconselhado a optar pelo segundo, porque não sabiam o real estado em que eu me encontrava.

Interessante foi notar que a partir deste instante, senti um puxão fortíssimo, como se eu saísse do corpo, passando a assistir às cenas seguintes como um espectador curioso sobre a minha própria pessoa.

Colocaram um aparato ao redor do pescoço e assim que eu me encontrava instalado em uma maca, dentro do veículo, oxigênio e demais cuidados passaram a ser administrados, enquanto o resgate seguia em velocidade rumo a um hospital.

Para mim, o efeito experimentado em assistir-me era fruto da dose utilizada e seus efeitos, e em determinado instante, cheguei a achar graça dando crédito à qualidade do produto.

Contudo, ao dar entrada no pronto socorro daquela instituição, minha visão tornou-se turva, onde as pessoas que surgiram à minha dianteira eram verdadeiros espectros e, como se não bastasse, a coloração de suas vestimentas diferiam da usual de médicos e enfermeiras, pois todas eram altamente escurecidas.

Vozes se confundiam e, a princípio, ocorreu-me a mescla entre a cocaína e algum medicamento intravenoso provavelmente ministrado, uma vez que a dor havia sido reduzida em comparação ao impacto experimentado no acidente.

De repente, a figura embaçada, que acreditei tratar-se de algum médico ou responsável, surgiu mostrando-se contrariado e em alta voz, utilizando de palavras de baixo calão, referindo-se a pessoas próximas, disse em seguida, assim que encerrou o seu desabafo:

– Vocês são mesmo uns incompetentes, deixando que um tolo acidente encerrasse com a carreira promissora desse nosso pupilo, onde depositávamos nossas melhores apostas.

Algum dos presentes, segundo eu podia mais ouvir do que visualizar, retrucou algo, e o que ocorreu em seguida foi surreal, porque o tal médico – ou fosse ele outra figura de importância – partiu para cima do sujeito de forma agressiva, enquanto gritava:

– Sua função era protegê-lo, imbecil miserável!

O espancamento deve ter sido cruel, até outros que ali se encontravam interferirem, talvez contendo o agressor, pedindo pelo maltratado:

– Calma, chefe, o senhor já deu a devida punição. Não adianta continuar batendo, o trouxa já desmaiou.

Ouvi ainda uma espécie de cusparada, provavelmente do tal chefe no agredido, com mais palavras de desprezo e ameaças aos que estavam presentes.

Ato contínuo, o tal mandante ordenou:

– Tragam o garoto para que vejamos onde possamos alocá-lo melhor de agora em diante, cambada de imbecis.

CAPÍTULO 5

Resgate incomum

Estranhamente, algum dos sujeitos que ali estavam fazendo parte daquela equipe incomum, conhecia o meu apelido, como se houvera tido contato com um familiar meu, o que terminei por associar com uma provável ligação para os meus pais, informando do meu estado e da respectiva internação, porque disse sem cerimônia:

– Vamos Kiko, me acompanhe antes que o nosso chefe fique ainda mais irritado.

Eu, que continuava a divisar somente espectros, interpelei:

– Ir para onde? Não deveria estar sendo tratado pelo acidente ocorrido? Não consigo enxergar corretamente.

– Isto não deve preocupá-lo, porque a sua visão irá se recuperar gradativamente. Está assim por conta do choque violento, mas vai passar.

Voltei a reclamar por não me sentir plenamente convencido:

– Não posso ir sem que os meus pais estejam presentes. E as formalidades todas e a alta médica?

O sujeito, que nessa altura me conduzia pelo braço, de forma segura, replicou:

– Eu sou um dos médicos responsáveis e vou levá-lo até os seus pais. O acidente não foi tão sério como pareceu e uma medicação simples vai restituir a sua saúde plenamente. Fique tranquilo.

Não foi o que eu esperava nesse particular, porque ao ouvir a palavra "acidente", algo de muito estranho ocorreu, porque as imagens da ocorrência se repetiram em velocidade, e a dor que eu houvera sentido retornou inclemente, fazendo-me perder o controle sobre as minhas pernas, levando-me ao piso como se fora um volume largado de certa altura.

O tal médico não conseguiu me sustentar pela surpresa, sendo que pude registrar, apesar do desconforto, a voz de um outro dizendo:

– Deixe que eu ajude você, Voltair, para não causarmos maior desconforto para nós mesmos junto ao comandante.

Como eu não respondesse sobre o meu corpo, apesar dos comandos que eu procurava dar sobre as próprias pernas, porque ao fazê-lo sentia que as dores na minha cabeça aumentavam, fui literalmente suspenso, sendo arrastado entre os dois homens.

Apesar da situação, perguntava-me: "Por que não me colocavam em uma ambulância para o retorno ao lar, ou mesmo, o que levara a receber alta do hospital nesse estado? Seriam os efeitos da cocaína que houveram sido mesclados com algum medicamento, produzindo esse quadro absurdo ou alucinógeno?"

O percurso parecia não ter mais fim e, em alguns momentos, a lucidez retornava, e com ela, a visão parecia também desembaçar, surpreendendo-me ao olhar para aquelas duas figuras estranhas com rostos que se mostravam entre sujos e maltratados, parecendo-me muito mais pessoas desprovidas do básico do que médicos ou enfermeiros.

Nestes momentos breves, passei a achar graça, rindo um tanto descontroladamente, porque tinha plena certeza de que os efeitos das drogas, ou a mistura delas, estavam favorecendo-me as loucas viagens.

Em instantes, o meu gargalhar contagiava os dois estranhos, que riam junto e diziam um ao outro do meu humor alterado.

Mas não demorava muito para a mudança de quadro, sendo que a dor visitava-me inclemente, tirando-me gemidos que de alguma forma eram abafados com as mãos de um dos sujeitos sobre a minha boca, como se preocupassem em não permitir que eu chamasse muito a atenção de alguém.

Por fim, após o exaustivo percurso, sentindo-me como um saco de batatas, fui lançado em uma espécie de cama desconfortável em demasia, parecendo que estava sobre molas, cobertas com pedaços de trapos ao senti-los com as mãos, podendo registrar que além de um odor excessivo de mofo, algo era combinado com suores e falta absoluta de higiene.

Mas a exaustão venceu-me de tal forma, que terminei por apagar em questão de segundos.

CAPÍTULO 6

Colaboração

Seria impossível calcular a quantidade de horas em que estive repousando em um sono sem sonhos e, finalmente, ao despertar, acreditei que poderia estar em meus próprios aposentos, uma vez que os efeitos da cocaína, em conjunto com as drogas ministradas no hospital tinham, por obrigatoriedade, conforme as minhas suspeitas, reduzido em muito os seus efeitos.

A visão continuava a se mostrar turva e a dor no meu crânio retornou, porém, um tanto mais amena, sendo que pela primeira vez levei as mãos em direção a ele e, para uma completa surpresa, apesar das faixas colocadas ao seu redor, parecia que algo faltava na sua parte frontal.

Descendo mais a minha destra sobre o rosto, espantei-me ao ponto de entrar em pânico, pois a sensação era de uma deformação absurda, como se eu estivesse com parte dele totalmente torcido.

Tudo o mais ao meu redor deixou de possuir qualquer grau de importância e passei a clamar pela minha mãe, em pedido de socorro.

Apesar da voz não me parecer comprometida, cheguei a exaustão de tanto gritar sem receber qualquer atenção, tendo a impressão que eu muito provavelmente estava vivenciando um pesadelo atroz, cujos efeitos somente poderiam acusar a quantidade de drogas aplicadas somadas ainda àquela do meu uso habitual.

Procurei me levantar, mas o abatimento continuava inclemente, onde a primeira tentativa frustrou-me, porque faltavam-me forças básicas para mover-me lateralmente naquele leito, o qual se mostrava de um improviso completo entre molas, trapos e o odor imundo.

Era mandatório eu procurar acalmar-me e uma ideia ainda mais absurda percorreu à minha mente, ou talvez não fosse tanto assim. Pelas condições, ou a falta delas, só poderia ser possível uma única resposta: eu fora raptado!

Era isso! E com certeza os criminosos tinham usado de drogas potentes para retirar-me do hospital e me colocar naquele cativeiro. Ficava claro o fato de não ser atendido por quem quer que fosse, apesar dos chamados em alta voz que eu fizera.

Não havia uma explicação mais plausível para a sensação do rosto deformado, que deveria ser um inchaço causado pelo impacto, e terminei por ser levado do hospital em pleno tratamento.

Impressionante seria admitir que uma instituição fosse invadida por marginais que faziam o que bem entendiam no local, ou talvez, eu estivesse em um pronto socorro qualquer, cujo acesso desses elementos era algo usual.

Da minha parte, eu não poderia promover maiores escândalos chamando pelos meus familiares, e sim estimular a negociação do meu resgate, o que não deveria ser problema para as questões financeiras da minha família, por mais alto que ele se apresentasse.

Eu precisaria aguardar os próximos movimentos desses sujeitos, uma vez que fazia completa coerência as lembranças relativas às observações feitas por aqueles que me carregavam, quando se referiam ao chefe e, também, toda a contrariedade demonstrada por ele em relação ao meu caso. O mais adequado era aguardar os desdobramentos e colaborar.

CAPÍTULO 7

Objeto de valor

Pela debilidade em que eu me encontrava, fui levado mais uma vez por um sono profundo, creio que durante mais algumas horas, sendo despertado por um ruído estridente de abrir de portas.

Interessante foi notar que a minha visão se recuperara quase que integralmente, podendo verificar que no ambiente que se mostrava ainda mais depauperado, a figura de uma moça esquálida, com roupas rotas e cabelos um tanto desgrenhados, se apresentava diante daquilo que poderia com muita boa vontade ser chamado de leito.

Apenas olhei para ela interrogativamente, esperando que houvesse alguma manifestação.

No entanto, ela aproximou-se e sem cerimônias levantou-me a cabeça dolorida, e quando tentei impedi-la, ela agiu bruscamente, informando:

– Vou enfaixar o seu rosto e acho melhor você cooperar, evitando contrariar as ordens do nosso chefe.

Com essas palavras, estava confirmado o sequestro, não cabendo da minha parte senão auxiliar nas negociações.

Após um trabalho realizado de forma grosseira e indelicada, deixando-me apenas com a visão do olho esquerdo, decidi me manifestar com o máximo cuidado:

– Posso auxiliar no que for necessário as negociações com os meus pais, facilitando em muito o pagamento do resgate. Não serei um problema para vocês enquanto estiver cativo.

Ela olhou-me um tanto surpresa, para sorrir depois e dizer:

– Está bem! Sua participação irá ajudar em muito os nossos trabalhos. Por agora, procure descansar e ser um garoto obediente.

Não gostei da referência do "garoto", algo que em minha adolescência, para mim e o meu grupo, era simplesmente detestável esse tipo de classificação.

Todavia, o importante era não reclamar de absolutamente nada para minimizar qualquer impacto contrário à minha saída daquele ambiente imundo.

Antes que ela saísse, perguntei:

– Meu rosto, meu crânio, estão muito machucados?

– Nem tanto, está mais inchado, mas isso tende a melhorar rápido. Não se preocupe.

Sorriu mais uma vez, mas de maneira um tanto desdenhosa conforme pude apurar, para sair e bater a porta atrás de si, deixando-me logicamente preocupadíssimo.

Como ficar tranquilo em uma situação daquelas, sofrendo de ferimentos e sendo tratado dentro de um chiqueiro? Aquela bandagem, pelo que pude apurar enquanto era enfaixado, e mesmo tocando o material com as minhas mãos, eram semelhantes às tiras de trapos, as quais poderiam causar mais infecção do que auxiliar na cura.

Mas o que eu poderia fazer como um mero objeto de valor, sendo negociado, com absoluta certeza, por um preço exorbitante?

CAPÍTULO 8

Mudança repentina

Torturado não apenas pela condição corpórea débil, mas, acima de tudo, como elemento principal, ser um cativo a espera do resgate, o que se tornava um martírio, porque o tempo passava sem que eu pudesse registrá-lo adequadamente em virtude da completa ausência de uma pequena janela que fosse ou uma simples abertura que facilitasse o mínimo de claridade, a fome, a sede e a ausência da cocaína, passaram também a me assaltar terrivelmente.

A mesma e esquálida jovem surgiu em certo momento segurando um lampião, único instante de iluminação naquele local fétido, transportando um recipiente com um líquido viscoso, sem cor ou sabor quando experimentei, se assemelhando a água misturada com gema de ovo pela viscosidade, para ser sugada por um grosso canudo, produto esse que passaria a ser regularmente oferecido e, quando indaguei a respeito, a resposta se fez rápida:

– Trata-se de um alimento que será servido até a sua adaptação.

Naturalmente, eu quis me aprofundar sobre o que recebia e a continuidade em nada me satisfez, porque a minha interlocutora encerrou grotescamente:

– Beba essa mistura e não discuta se quiser sair dessa cama no menor tempo possível, aliás, para o seu próprio bem.

Retirou-se e deixou-me mais uma vez na escuridão do local, forçando-me a dormir depois daquela coisa que eu ingeri sofregamente e que, de certo modo, aliviava a minha sede e necessidade de algum alimento e, por algum incremento que fosse, me anestesiava.

Creio que os dias se sucederam com as dores sendo de certa forma reduzidas, apesar do pânico que me causava ao apalpar a parte do rosto e crânio enfaixados, dando mostras de uma possível deformação e não apenas o inchaço como fora dito. Perguntava-me então:

"O que mais poderia ser pior? E adicionalmente, por que o tempo tão longo para o resgate? Será que os valores eram alterados a medida da concordância dos meus pais?"

Sem saber o que ocorria, em certo momento, que logo depois eu poderia confirmar ser madrugada alta, um sujeito surgiu no cativeiro interpelando:

– Garoto, você consegue andar?

Com a resposta negativa, ele resmungou:

– Só me faltava essa...

Ignorando o meu estado, colocou-me em seus ombros como se eu fosse um saco de grãos e saiu apressado, quando foi abordado por um outro que inquiriu:

– Voltair, o moleque ainda está mal?

– Que pergunta?! Veja se me ajuda a carregá-lo, porque temos que sair daqui rápido, conforme as ordens do chefe.

Entendi de pronto ao recordar do nome de um dos sequestradores que haviam me retirado do hospital e, era óbvio, que a pressa na movimentação seria pelo descobrimento do cativeiro pela polícia, o que tornava a situação, para mim, altamente complicada.

Quando fui colocado entre os dois homens, sendo arrastado, o terror da execução se fez presente, e eu implorei:

– Por favor, não me matem! Deixem que eu de alguma forma mande um recado para os meus pais, para que providenciem o pagamento sem causar maiores embaraços.

Ambos terminaram por gargalhar da minha rogativa, o que me deixou ainda mais assustado com o que poderia me ocorrer.

Alguns segundos depois, foi o próprio Voltair se manifestou:

– Garoto, fique calado e apenas obedeça para que não te suceda algo pior, entendeu?

Notei que eu me encontrava em mãos de elementos perigosos e que qualquer manifestação da minha parte seria encarada como um ato de rebeldia e consequente punição, até porque, segundo a minha interpretação, eles poderiam receber o resgate e entregar aos meus pais apenas o meu cadáver.

CAPÍTULO 9

Em outras mãos

O cenário se mostrava extremamente tenso com a retirada atabalhoada, onde comandos eram repetidos aos brados, como se o grupo estivesse para ser alcançado e cercado, o que só poderia acontecer, segundo eu julgava, pelo avanço de equipes policiais especializadas em resgates.

Com o quadro mostrando-se pior a cada momento, logo a minha condição serviu de incômodo, porque o tal chefe, aproximando-se dos homens que me carregavam, ordenou:

– Quem não pode se mover com as próprias forças, deve ficar para trás. Voltair, largue o moleque e vamo-nos rápido daqui.

Soltaram-me em direção ao solo lamacento onde nos deslocávamos como se eu fora um traste e, em poucos instantes, o burburinho foi se afastando, até que se fizesse o silêncio total.

Nas circunstâncias em que eu me encontrava, procurei olhar o ambiente também fétido como era o meu cativeiro e pude avistar alguns pequenos arbustos, um tanto ressequidos, porém, com algumas pedras que bem poderiam me ocultar até que a polícia ou alguém pudesse me oferecer socorro.

Com esforço, arrastei-me até o local na tola presunção de que seria um esconderijo apropriado.

Passados alguns minutos, ouvi vozes e, entre elas, uma que se destacava com uma entonação feminina, que mais próximo do local onde eu me instalara, falou:

– São uns malditos caloteiros esses covardes. Ainda iremos encontrá-los para que assumam as dívidas contraídas.

Pelo tipo de colocação, aqueles que estavam no ambiente não poderiam ser policiais e sim alguma outra gangue. Caso a segunda hipótese se confirmasse, eu estaria em situação complicada, sendo transferido das mãos de uns facínoras para outros.

Não demorou para a minha confirmação, porque a tal mandante disse:

– Juba, comece as buscas com o nosso pessoal.

Ouvindo a ordem, um frio intenso se fez em minha coluna pelo medo que tomou conta de mim, e não demorou para que o meu improvisado esconderijo fosse descoberto, pois arrastando-me na lama, fora deixado um rastro enorme até onde eu me instalara.

Logo o tipo que recebera o comando, ou outro dos presentes, encontrou-me, e para checar como eu estava, aplicou violento pontapé nas minhas costelas, o que fez que eu urrasse de dor, para comunicar aos gritos em seguida:

– Encontrei um deles aqui.

Seguiu mais uma agressão, com a determinação para que eu me levantasse.

Quando demonstrei a impossibilidade, fui agarrado pelos pés e puxado até onde se encontrava a pessoa que poderia ser a chefe, que olhando-me surpresa, mandou:

– Vamos, dê o serviço!

Analisei rápido da posição em que me colocaram, estirado defronte a estranha figura em roupas imundas tal qual a sua aparência, com um ornamento ridículo em sua cabeça, que aumentava significativamente sua aparência grotesca.

Imediatamente, dei a minha posição:

– Fui sequestrado do hospital onde me encontrava depois do acidente sofrido e, mantido cativo até o surgimento da senhora e de seu grupo. Esperava ser libertado porque tenho certeza de que os meus pais já devem ter feito o pagamento do resgate.

Pude perceber que a mulher olhou primeiro para um dos seus comandados, para emitir em seguida solene gargalhada, sendo acompanhada pelos demais.

Em seguida, comentou:

– Vejam vocês, o moleque acredita que ainda está no paletó de carne e não que ele foi fechado.

A pilhéria se fez generalizada, arrancando gritos zombeteiros da turba alucinada, até que a mandante perguntou:

– Juba, foi só o que encontraram? Esse moleque?

– Sim, chefe. Só isso mesmo.

– Miseráveis! Vamos levá-lo e ver o que tiramos dele.

– Mas, chefe, é um imprestável e sequer pode caminhar.

– Ora, amarre-o e coloque alguém para arrastá-lo seu imbecil. Rápido, antes que eu perca a paciência.

Fizeram como orientado e eu, sem entender o significado do que fora dito, tinha apenas uma certeza: seria material de novas negociações, ocorrendo apenas a mudança de mãos.

CAPÍTULO 10

Abandono

Com uma corda feita de tiras de tecido, envolveram o meu tórax e passei a ser arrastado como um animal abatido, sendo que o caminho em terreno ora lodoso, ora ressequido, agredia-me violentamente o corpo.

Apavorado como me encontrava, receoso em reclamar ou exigir o que fosse para que a minha situação não viesse a piorar, restava-me apenas alguns gemidos roucos pela dor sentida.

Após o revezamento que era feito entre os elementos do bando, caí nas mãos do tal do Juba, que reconheci logo pelo tom de sua voz, dirigindo-se à comandante do grupo:

– Chefe, vale continuar arrastando esse saco? O sujeito vai servir para quê?

Da posição em que eu me encontrava, pude ver a aproximação da mulher e, ao olhar para mim, um amontoado de lama e terra, disparou:

– Tem razão. Deixe-o para que algum outro ache utilidade. Andando, vamos!

Largaram-me no local onde houvéramos estacionado, sem qualquer iluminação, com a sede e a fome me assaltando novamente, além da imundície em que eu me encontrava, literalmente coberto de uma lama fétida.

Apesar do contexto se apresentar totalmente contrário, uma chama se acendeu no meu íntimo, pois me encontrava livre, com a certeza de que o cometimento ocorrera em virtude do resgate ter sido pago.

Eu precisaria reunir as minhas forças a partir desse abençoado evento e encontrar alguém que me auxiliasse. Mas as perguntas evidentes começaram a surgir em minha mente:

"Quem seria confiável naquele ambiente de completo abandono? Onde eu me encontrava? Como avançar com as limitações da locomoção e as dores absurdas que eu sentia?"

Todavia, eu precisava fazer algo e depressa. Então, rolei para fora da trilha e, mesmo me arrastando, procurei me afastar ao máximo dela, onde eu aguardaria o nascer do Sol, e isso acontecendo, seria mais fácil localizar-me.

Pensando assim, já exaurido, com fome e sede, adormeci pesadamente.

Impossível calcular as horas dormidas, mas quando despertei, as trevas continuavam exatamente as mesmas, fazendo-me crer que fosse ainda alta madrugada e talvez eu não repousasse tanto quanto calculara.

Sem qualquer meio para medir as horas, o que me restava era esperar que amanhecesse, dando-me a sensação de que eu iria aguardar um longo tempo.

Foi o que fiz, contudo, sem qualquer margem de sucesso, pois nenhuma réstia de claridade surgia, e o que me acompanhava de fato era a sede, que passou a ser torturante.

Abandonado à própria sorte, não demorou para o desespero bater e eu passar a clamar por socorro, ignorando os possíveis riscos aos quais eu estava me submetendo, porque o pior que podia acontecer naquela altura, era ser capturado por outros meliantes, mais nada.

Dos gritos, fracos aliás, passei às densas lágrimas, rogando agora para que alguém ou algo me salvasse e, como aprendera na igreja que frequentávamos como eventos meramente sociais, gemia por Deus, caso fosse possível a Sua existência, até porque, não me restava mais coisa alguma.

CAPÍTULO 11

Uma estranha figura

Como nada de novo acontecia no drama em que eu me encontrava envolvido, das curtas e rápidas rogativas, passei à revolta, amaldiçoando a tudo e a todos.

Esgotei-me de tanto reclamar por uma gota de assistência até ouvir passos produzidos pela lama do local, que pegajosa como era, emitia um som peculiar quando da movimentação de qualquer pessoa.

Para mim, pouco importava agora se fosse mais uma turba de marginais, polícia ou mesmo os meus familiares, tamanho era o grau de desesperança e revolta que se apoderou do meu íntimo.

Virei-me da posição em que eu me colocara, para poder divisar quem poderia estar se aproximando e, com inaudito esforço, arrastei-me um pouco mais para próximo de um pedra para poder usá-la como apoio para as costas e manter-me sentado.

No meio daquele ambiente trevoso, uma figura surgiu segurando um tipo estranho de lamparina, onde era possível ver parte de sua vestimenta, um manto escuro com capuz, sem que o seu rosto surgisse dele.

Estancou próximo a mim e pude ver que ele se encontrava acompanhado de mais dois encapuzados, utilizando também aquela diferenciada lanterna.

Pareceu-me, pelo tempo dispendido, que o sujeito fazia uma análise do meu estado, para em seguida informar:

– Este serve. Vamos levá-lo.

Apesar de não mais me importar pelos desdobramentos, sem temer alguma represália, indaguei:

– Levar-me para onde?

Novamente tive que aguardar um certo tempo pela sua resposta, porque transmitia-me a sensação de que as palavras poderiam estar sendo medidas ou, talvez, que ele procurasse ver o grau da minha revolta.

Passados mais alguns segundos, finalmente manifestou-se dizendo:

– Não se preocupe meu jovem. Cuidaremos de você para que, em breve tempo, seja o nosso mais novo pupilo.

"Tranquilize-se ao máximo enquanto os meus companheiros providenciam uma maca para carregá-lo."

Ele achegou-se, e colocando a sua destra sobre a minha fronte, induziu-me a um sono incontrolável.

Eu não saberia o que ocorrera após o rápido evento, mas quando despertei, encontrava-me em um tipo de sofá roto, numa sala ou algo parecido de uma envelhecida e mal cuidada residência, com paredes de madeira pelo que pude apurar, e as tais lamparinas que serviam para a sua iluminação bruxuleante.

Com persistência, apoiei-me e consegui recostar-me para melhor verificar o local, e o que mais me chamou a atenção foi que a sede, a fome e as dores agudas haviam diminuído sensivelmente, incluindo certo grau de limpeza que fora feita em mim e a troca de trapos por faixas no meu crânio e rosto, vestido também com aquele tipo de manto usado pelo meu provável salvador.

Não precisei esperar muito para aquela figura estranha adentrar ao ambiente, perguntando em seguida:

– Sente-se melhor?

– Muito! Senhor, sendo direto, eu me encontro em uma instituição religiosa?

Apesar de não poder ver o seu rosto, deu-me a impressão que ele sorriu antes de responder:

– Quase, se compararmos que os nossos objetivos possuem uma persistência semelhante. Aos poucos iremos te envolvendo em nossas atividades.

– Mas, senhor, eu fui sequestrado quando me encontrava internado em um hospital e, pelo que vejo, não é esta a minha posição por aqui. Sendo assim, eu preciso retornar ao meu lar...

– Isto irá ocorrer depois que você estiver em melhores condições, lembrando que a sua recuperação será um tanto lenta e, lamentavelmente, pelo que apuramos, o seu resgate não pôde ser pago.

– Como assim não foi pago?

– As circunstâncias não se apresentaram favoráveis para que tal ocorresse. Peço que não se ocupe com esse detalhe, porque tudo faremos para esclarecê-lo e facilitar o seu retorno ao ambiente doméstico. Por agora, trouxe para você aquele produto que lhe fazia imensa falta.

Não esperei que ele continuasse, porque uma explosão de alegria deu-se no meu interior, sendo inexplicável a minha reação tão logo ele cedeu-me a "farinha", bem diferente do que eu me habituara, porém, ao inspirá-la sofregamente, iniciei uma das minhas mais impressionantes viagens, como se eu me reconectasse com a vida que experimentara até o momento sinistro do meu acidente.

CAPÍTULO 12

Recapitulação

Sem o recurso de medir as horas, não sei o tempo que fiquei naquele estado considerado por mim de suprema alegria, onde tudo o que houvera passado até então, parecia ter desaparecido como num passe de mágica.

Estúpida ilusão proporcionada pela droga, porque à medida que os efeitos foram cessando, não somente as dores retornaram exponenciadas, como também todos os desconfortos que a jornada desde o momento do rapto houvera sido experimentada.

Passei a gemer de dor e, na angústia, clamei por aquele que pelo menos aparentemente havia me salvado.

Ele atendeu-me rápido, e não precisei informá-lo do que se passava pela alteração gritante do meu estado.

Ato contínuo, deitou-me no sofá e passou a movimentar rapidamente as suas mãos em direção à minha fronte e rosto, atitude essa que foi reduzindo gradualmente o meu sofrimento.

Quando me encontrava sob razoável administração do que sentia, agradeci-lhe, continuando a ser muito difícil a visualização da sua face, não só pela semiescuridão do local, mas incluso o enorme capuz utilizado.

Perguntei-lhe então:

– Como o estado de completo bem-estar pode ser alterado tão drasticamente?

– Isso decorre por utilização de produto sintetizado em nossa dimensão. Mas iremos ensiná-lo a empregar recursos naturais próprios e você irá desfrutar de estados melhores do que este, sem os incômodos do retorno.

– É possível, senhor? Aliás, como devo chamá-lo?

– Mestre ou professor está bem.

– Certo! Então mestre, como posso alcançar esses resultados assim tão naturais?

– Inicialmente você irá necessitar esclarecer-se no que diz respeito ao estado em que se encontra. É possível que alguém possa ter adiantado algo nesse particular, não?

Interessante foi notar que pareceu-me ser averiguado como um todo, como se o tal mestre ou professor mergulhasse no meu íntimo.

– Algo bizarro eu diria que ouvi sim, como não mais me encontrasse no mundo dos vivos. Verdadeiro absurdo, porque eu não manteria este estado de completo mal-estar, incluindo os ferimentos tão graves, que o senhor e os seus amigos terminaram por cuidar.

– Bem, precisamos iniciar por aí os esclarecimentos, e vamos usar da metodologia magnética ou hipnótica para levá-lo à recapitulação de certo tempo para cá. O que me diz?

– Mestre, apesar de não saber do que se trata realmente essa técnica, ela poderá ser bastante oportuna, caso me auxilie nesses episódios.

– Então aproveite que você está mais relaxado e vamos dar início. Você sentirá uma leve sonolência, sendo que depois poderá rever os quadros desde o momento do acidente como se fosse um sonho.

Deixei-me levar pelas palavras que iam sendo ditas pelo professor e, de fato, um adormecimento me invadiu, trazendo impressões semelhantes a uma saída do meu corpo, para ser observador da minha própria pessoa em um quadro vivo que se desenrolava à frente dos meus olhos, sem que eu pudesse neles interferir.

Vi-me de repente sendo transferido daquele hospital para um velório, onde eu podia constatar o meu corpo depositado no caixão, com os meus pais, parentes e amigos, tanto da família, como os meus pessoais, lamentando o ocorrido.

Posteriormente, todos os eventos também se desenrolaram em velocidade, porque uma força descomunal me atraiu ao hospital onde o primeiro grupo me fizera refém.

As imagens pareciam ser superpostas, como se não houvesse tempo entre uma ocorrência e outra, em velocidade tão colossal, apresentando-se com o intuito de esclarecer-me de uma vez por todas.

Por algum ruído externo ou um comando de voz, despertei banhado em lágrimas, porque confirmara, sentindo no mais profundo do meu ser, a informação dita de forma jocosa por aquela mulher estranha, que fora a comandante do segundo grupo de facínoras.

CAPÍTULO 13

Nova fase

Não sei quanto tempo eu imprequei contra tudo o que pudesse ou suspeitasse existir, numa revolta onde palavras não conseguiam exprimir o ódio que circulava pelo meu corpo, como se eu estivesse fervendo por dentro. O professor acompanhava-me parecendo dar-me a devida atenção, apesar de eu não conseguir registrar traço algum em seu semblante ensombrado.

Somente quando eu já não suportava mais tanta revolta e reclamação, ele falou:

– Você fez muito bem colocando tudo isso para fora e, assim, podermos iniciar uma nova fase na sua vida.

– Nova fase, Mestre? Mas, verdadeiramente, parece-me que nada mudou.

– Sim, você tem razão. As mudanças não são significativas como foi apregoado por longo tempo: um céu de maravilhas ou um inferno cruel. Comparativamente, caso possamos classificar, o inferno é a continuidade sem alteração.

– Repulsivo, eu diria, Mestre.

– Sim, mas é o que nos resta e, para satisfazermos a continuidade, o melhor é nos prepararmos e trabalharmos no sentido de extrair o máximo de prazer que pudermos, incluindo aí qualquer ação contra os nossos desafetos.

– Caso tenhamos, não?

– Claro, garoto, claro...

– Mas uma coisa me intriga. Por que as mudanças neste novo corpo não ocorreram? Me refiro à estrutura como um todo, que poderia ser outra, uma vez que o sepultado carregou os problemas com ele.

– São os vincos, resultado das fixações mentais difíceis de serem alteradas quando da ocorrência no corpo. Não conheço quem tenha conseguido, mas o que nos importa? Precisamos sim gozar a vida e, se necessário for, até mesmo prestando serviços a terceiros. Em síntese: o prazer acima de tudo.

– O senhor quer dizer que eu continuarei com essas deformações, sem que possa alterá-las em coisa alguma?

– Poderá modificá-las um pouco, todavia, não conte muito com isso.

– Mas, professor, temos na Terra recursos de cirurgia retificadora...

Não consegui continuar, porque a interrupção deu-se por tremenda gargalhada, o que naquele momento foi possível de relance observar parte da sua face distorcida, a qual saiu um pouco do capuz.

Procedi como se não houvesse notado o horror que se estampara e prestei a devida atenção às suas palavras.

– Ora, meu menino, esqueça essas facilidades que o corpo proporcionou e encare a realidade nova. Como você já pôde perceber, não existe nada melhor, aliás, é só o que temos não para o momento, mas sim para a nossa vida miserável.

– Esse é o inferno ou o purgatório para quem não é bom, Mestre?

– Não! Essa é a realidade do ser humano, porque ninguém é bom.

As suas palavras foram taxativas, e logo em seguida ele levantou-se e finalizou:

– Seu adestramento irá começar em breve e o Chaim, um dos meus subordinados, será o seu instrutor.

"Descanse e medite nas minhas palavras, pois o meu interesse é que você possa viver melhor, dentro do que seja possível, não mais servindo de escravo ou animália desses grupos de perdidos que vagam por aí."

CAPÍTULO 14

Aguardar o tempo certo

Uma dúvida cruel martelava em minha cabeça na dificuldade da aceitação em que eu realmente estivesse definitivamente condenado a viver essa tal nova realidade, cercado de incertezas.

Questões surgiam:

"E se tudo o que fora dito não passasse de uma tonelada de mentiras sobre essa nova dimensão? Poderiam ser eles novos sequestradores, fazendo-se de boa gente? Os meus pais, caso eu os visitasse, não seriam a prova final do meu real estado?"

Resolvi, antes mesmo de iniciar qualquer tipo de treinamento, solicitar a prova final das circunstâncias que me envolviam diretamente.

Para que o evento fosse possível de ser realizado, eu precisaria me fortalecer e voltar no mínimo a caminhar. Com extrema força de vontade, passei aos primeiros exercícios de tonificação das pernas, até porque, o tratamento a mim dispensado causava-me extremo bem, e a alimentação era completada com água, que mais tarde, soube estar magnetizada por completo.

Esse era um ponto que realmente me causava admiração, porque jamais eu imaginaria ter as minhas energias retornadas através de algo tão básico. O líquido milagroso, conforme os meus parcos conhecimentos, que também suavizava em muito a dependência química que fora por mim implementada, passaria a ser uma comprovação sumamente delicada quanto à minha legítima circunstância?

Qualquer que fosse a resposta, somente o encontro com os meus genitores teria força para sanar esse enredo.

Não tive como resultado a negativa do professor, ou Mestre, como notei a forma por ele preferida. Contudo, recomendações as mais diversas foram realizadas para que eu não tumultuasse a vida dos meus parentes mais próximos ou não entrasse em perturbações, em querer voltar a residir num espaço que não mais me pertencia.

Aquiesci e marcamos para ir até o endereço, no que fui inteirado estar distante, precisando, para alcançá-lo, de uma caminhada de dez a doze horas, coisa que eu não me encontrava apto apesar de todo o esforço feito para retornar às atividades regulares do andar.

Assim, eu teria que esperar, e o treinamento, nesse meio tempo, teria o seu início, não sendo possível me opor de todo como quisera a princípio, por terminar notando que ele seria proveitoso até mesmo num certo quesito: o exercício da paciência.

Uma lição dura para quem se habituara a ter tudo em mãos e ser atendido nos mínimos detalhes quando na casa dos meus pais, bastando para isso estalar os dedos, para que um serviçal me atendesse nos meus mais simplórios desejos.

Como a vida mudara e como era difícil aceitá-la, mesmo que fosse por um certo período. Eu precisaria de tempo, ou melhor dizendo, de trabalhar a paciência, para que as coisas se esclarecessem e voltassem ao normal, o meu normal.

CAPÍTULO 15

Árdua comprovação

Iniciei com o Chaim, conforme indicado pelo nosso mestre, que, a princípio, me deixou um tanto maravilhado com acontecimentos que mais tarde seriam considerados irrelevantes.

Um deles, para mim, um adolescente, era a movimentação de objetos usando do nosso próprio magnetismo, o que necessitou de minha parte grande esforço para alcançar um resultado mínimo.

Como vivíamos em uma penumbra, sendo custoso poder observar a expressão da face do meu instrutor, também coberta pelo capuz, aliás, recomendação feita para que eu passasse a utilizar-me dele também, eu percebia que o meu interlocutor sentia grande satisfação nos meus mais pífios sucessos, informando-me das minhas reais capacitações, valendo cada investimento de tempo no desenrolar delas.

Entusiasmava-me a cada dia, sendo sugerido que eu utilizasse do meu magnetismo para a aplicação no fortalecimento do corpo, dando ênfase nas pernas, para que a minha movimentação fosse completa no menor prazo.

Como as horas depois das aulas eram desocupadas, passei a trabalhar com afinco sobre mim mesmo e, para o completo regozijo do nosso chefe ou mestre, em breve tempo eu me movimentava com a regularidade de um garoto.

Exatamente como eu pretendia, retornei à minha solicitação quanto à visita ao meu lar, no que fui atendido em definitivo após todas as recomendações sobre o meu comportamento, sendo ele vigiado pelo Chaim, que me acompanharia com a missão de intervir caso ele achasse adequado.

Exultei com a proposta e, com o passar dos dias e maior fortalecimento, fui avisado num final de tarde que nos colocaríamos a caminho.

Realmente o trajeto foi penoso, porque, entre paradas, varamos a noite andando para alcançar o meu antigo lar por volta das sete e trinta da manhã, horário esse habitual para os meus pais tomarem o desjejum.

Quando chegamos à frente da propriedade, uma mansão, ela estava ainda mais bem cuidada como de costume, ou talvez fosse o tempo distante e a falta de observação que eu fizera no passado relativo aos detalhes, a começar dos amplos jardins, todo eles floridos, sendo que àquela hora os funcionários preparavam-se para dar início às suas atividades.

Não reconheci nenhum deles, o que atribuí às primeiras emoções. Entretanto, a constatação seria outra, pois assim que adentramos ao ambiente doméstico, agora com o coração aos saltos, crendo que eu poderia até mesmo vir a desmaiar pelos pequenos tremores no meu corpo, direcionei-me para a sala de refeições e, ao penetrá-la, pude confirmar o que o tempo produzira.

Meus pais apresentavam-se muito envelhecidos, o que parecia não ter ocorrido comigo, na proporção em que eles se encontravam, dando-me a impressão de que no mínimo uns vinte anos haviam se passado.

Porém, o mais importante era a constatação final da minha particular situação e, sem qualquer alternativa, avancei em lágrimas sobre a minha genitora, abraçando-a fortemente e dizendo:

– Mãe, minha mãe...

A confirmação se fez de imediato, porque eu não fora percebido, pelo menos num primeiro momento, até que ela se emocionasse e dissesse para o meu pai, que àquela altura fazia a leitura de seu jornal preferido:

– Oswaldo, algo inusitado acaba de acontecer... apesar de um odor estranho, senti a presença do Kiko.

Ele levantou os seus olhos por sobre o periódico e, depois de ajeitar os óculos, disse à queima roupa:

– Sei... eu já falei mais de uma vez que essas suas amigas espíritas estão enchendo a sua cabeça com caraminholas. Ora, só me faltava mais essa.

Contrariado, retornou à sua leitura com desprezo total aos sentimentos da minha mãe e, em adicional, percebi que era transferida tal postura a minha própria pessoa, o que aumentou o meu sofrimento.

Quis agarrar-me mais fortemente a aquela pessoa querida que parecia sentir-me no seu íntimo, contudo, dei andamento no que viera fazer: a comprovação; pois em virtude do registro sutil da minha presença, estava ali atestado o meu passamento e, antes que eu entrasse em profunda crise, a ação do Chaim veio com uma orientação direta:

– Não convém ampliarmos as sensações de desconforto da sua mãe, ocasionando, com isso, desentendimentos entre o casal. Afastemo-nos! Estratégia dele ou não para a intervenção que houvera sido recomendada, a realidade dessa rápida constatação fora o suficiente para retirar-me do local, ainda sobre os efeitos das lágrimas que caíam aos borbotões.

Nunca eu poderia imaginar que um ou dois minutos em que eu estivera de volta ao antigo lar me respondesse tantas questões, todas elas formuladas por um tempo que eu absolutamente não conseguira calcular.

CAPÍTULO 16

Questões inconvenientes

Quando alcancei o controle sobre as fortíssimas emoções, demandei do meu instrutor:

– Não consegui administrar os meus sentimentos que, em verdade, foram controversos. Por quê?

– Como assim, controversos, Kiko?

– Com o meu pai, sequer aproximei-me dele, e com a minha mãe, apesar do contato rápido, explodiu em mim um mar de emoções.

– Sentimentos são energias poderosíssimas Kiko, emanadas pelo potencial que possuímos em nosso íntimo e cuja ligação ocorre pela manutenção, interesse e convivência entre as pessoas.

"Notei que entre você e seu genitor pouca ou nenhuma manifestação vibratória pode ser trocada, demonstrando que a relação não deveria ser a mais calorosa possível, estou certo?"

– Sim, está!

– No entanto, com a sua mãe, independente de um período longo de distanciamento, e mesmo que ela não fosse uma criatura tão amorosa, o instinto maternal é tão forte, que supera absolutamente toda e qualquer diferença no tempo.

"Assim, essas impressões que deram vazão em você, poderão ser utilizadas durante o nosso treinamento, alcançando resultados mais promissores em breve tempo."

Embora não pudesse compreender de pronto o que me era dito, no aproveitamento das minhas próprias emoções e a utilização que faríamos com o magnetismo, o Chaim demonstrava possuir conhecimentos outros em relação aos sentimentos das pessoas.

Sem muito tato da minha parte, voltei a indagar:

– Percebo que você possuía uma família, porque fala da temática como se estivesse experenciado este tópico com naturalidade. Estou enganado?

Meu questionamento pareceu que moveu as suas fibras mais íntimas pela demora na resposta, e quando ela veio, curtíssima aliás, a voz era embargada:

– Possuí, mas isso está no passado.

Mudando o assunto apressadamente, orientou:

– Precisamos retornar, porque o nosso chefe, digo, mestre, não admite ausências por longo tempo de seus subordinados. Continuando na minha tola imaturidade, insisti:

– Qual foi o motivo do seu afastamento?

– Garoto, existem determinadas matérias que são de gerenciamento pessoal, está bem? Portanto, mantenha-se em posição de aprendiz e faça perguntas inerentes às lições ministradas, visando não se exceder, para que punições não sejam aplicadas.

Não querendo me intimidar facilmente, desafiei:

– Por quê? O chefe, e não o mestre ou professor, conforme as suas palavras, poderá ficar zangadinho com você?

A ação por parte do meu interlocutor não se fez esperar, pois um tapa violento dado com as costas da sua destra atingiu-me diretamente na região enfaixada do rosto, produzindo imensa dor. Ato contínuo, despenquei em direção ao solo perdendo completamente os sentidos.

CAPÍTULO 17

Fuga

Quando despertei, toda a cordialidade havia literalmente desaparecido, pois encontrava-me com as minhas mãos presas às costas e com um pedaço de corda servindo de coleira.

Quando procurei protestar, o meu instrutor e agora algoz, bradou exigindo silêncio e informando a seguir que era essa a forma dos indisciplinados serem tratados.

Pelo menos uma coisa era certa: não houvera dispêndio de tempo para que eu confirmasse estar em outro grupo de marginais, possuindo, a partir de então, conhecimento suficiente que mesmo depois da morte física, o mundo onde eu me encontrava não sofrera mudanças significativas como era apregoado pela religião que frequentávamos em atos meramente sociais.

Percebia que restava somente o inferno. Em realidade, quem alcançaria o tão propalado céu, se todos em sua maioria não eram anjos sobre a Terra? Bem, pelo menos eu em minha curta existência planetária não havia conhecido nenhum.

Mais uma vez, variadas indagações surgiram em minha mente enquanto nos encontrávamos no caminho de volta:

"O que me restaria a partir de agora? Onde estavam as outras pessoas que passaram pelo túmulo? Todas eram transformadas em presas fáceis para as gangues existentes? Será que vagavam sem rumo em local diferente desse onde eu me encontrava? Eu poderia ter dado um tremendo azar e ter sido capturado por uma horda e ter me tornado objeto de troca? Porém, não fora abandonado por uma delas?"

Não pude refletir muito a respeito, porque precisei implorar em variados instantes para que parássemos um pouco, no sentido de recuperar as forças que se esvaíam com maior agilidade pela condição animal em que eu estava sendo tratado, com as dificuldades exacerbadas de locomoção.

Em certo instante da longa jornada, solicitei para que o Chaim soltasse as minhas mãos, com a promessa de comportar-me, até porque, eu não teria para onde ir e contava com a bondade dele em me perdoar a petulância.

Ele resistiu, entretanto, o atraso que eu causava pela dificuldade em caminhar terminou por convencê-lo, ficando mantida apenas a coleira humilhante.

Apesar de todo o processo ser completamente contrário à minha pessoa, aguardando pelo pior, enquanto passávamos por um terreno completamente baldio, ocorreu-me a ideia da fuga, não importando para onde eu iria.

Notei algumas pedras de tamanho razoável que faziam parte do abandono do local e, agindo rápido, apanhei uma delas. Pelo movimento inesperado, o meu condutor virou-se rápido, no entanto, eu já estava próximo o suficiente para usá-la como martelo aplicando forte golpe em sua testa.

Ele vacilou com a pancada, largando a corda que me enforcava e colocando a mão no local atingido, dando-me a chance de repetir o ato, sendo que desta vez a sua resistência deu-se por vencida, levando-o a perder os sentidos.

Sem saber exatamente para onde ir, direcionei-me para o caminho do meu antigo lar, sabendo de antemão que seria exatamente o primeiro alvo das buscas a serem feitas, principalmente agora que eu me excedera em todos os termos.

Todavia, o importante era me afastar o mais rápido possível, preocupando-me com o plano seguinte somente quando estivesse o mais próximo possível da residência que um dia me pertencera.

CAPÍTULO 18

Irmã Joaquina

Na aflição em que eu me encontrava, desviei-me do percurso da residência que um dia fora minha também, terminando próximo da exaustão à frente de uma igreja.

Pela proporção do edifício, talvez fosse possível encontrar um ambiente onde eu poderia me ocultar, sabendo previamente que o Chaim envidaria todos os esforços por me encontrar, porque precisaria retornar com a presa que lhe pertencia e, em paralelo, utilizar-me de exemplo, dada a minha ousadia e agressividade.

Entrei espavorido ao local, notando inicialmente uma freira que estava de joelhos próximo à imagem de Jesus, logo acerca da porta, mas, com a preocupação única de esconder-me, avancei rumo a um corredor que podia ser visto mais ao longe e que, com certeza, me levaria a um aposento qualquer.

Naquele instante cheguei até mesmo pensar em colocar-me dentro de um confessionário, contudo, seria um espaço óbvio para a investigação do meu captor.

Continuei então ligeiro na direção inicialmente divisada, e quando estava invadindo o espaço, uma outra freira, desta vez muito jovem surgiu, e colocando-se à minha frente, impedindo-me a passagem, interpelou:

– Posso auxiliá-lo em algo, meu irmão?

O impacto não se fez esperar pelo fato de estar sendo registrado pela religiosa. Assim sendo, perguntei:

– Irmã, a senhora me vê?

– Sim, com clareza, pois nos encontramos no mesmo plano.

– Então, não estou morto e sim sob efeitos de drogas poderosas...

– Morto é impossível, meu irmão, até porque, a criação do Nosso Pai, simplesmente não morre e sim, altera o seu plano existencial.

Entre o desconsolo que a resposta me oferecia e o receio da captura, mudei o assunto e apresentei o meu pedido de socorro.

– Compreendo, apesar de ser esta a minha última alternativa em descobrir-me vivo no corpo classificado como material, todavia, o que me traz aqui é a tentativa de fugir de um terceiro bando de sequestradores. Aliás, um deles não tardará, pois fugi agredindo-o fortemente. Peço, por misericórdia, que se possível, a senhora me coloque em algum lugar a salvo.

– Você já se encontra, meu irmão. Não se preocupe quanto à possibilidade de retornar como cativo para este ou qualquer outro grupo.

– Mas, irmã, ele poderá encontrar-me...

– Sim, se pudesse adentrar ao ambiente. Porém, isso não lhe será possível, pois contamos com sólidas defesas vibratórias, garantindo a segurança de todos aqueles que procuram a nossa instituição.

– Irmã, como nunca ouvi algo a esse respeito na igreja que frequentávamos? Uma organização vinculada às estruturas físicas de uma igreja?

– Poderei dar melhores esclarecimentos após os primeiros atendimentos. Você precisa higienizar-se, trocar de vestimenta e receber a assistência adequada em seus ferimentos. Com vagar, suas indagações serão respondidas.

– A senhora tem certeza de que estarei realmente a salvo, uma vez que as portas centrais estão abertas, facilitando a entrada. Veja o meu caso...

– Para os irmãos e irmãs que mostrem-se necessitados, elas estarão sempre abertas, entretanto, como já informei, para as mentes que buscam o prejuízo dos seus semelhantes, elas somente poderão adentrar quando de suas reais modificações. Vamos, venha, precisamos iniciar os seus cuidados.

– Sou muito grato, irmã...?

– Joaquina! No entanto, meu irmão, tenhamos sempre em nossos corações a gratidão a Jesus.

CAPÍTULO 19

Atenção e bondade

A primeira providência foi a minha inserção em um ambiente espaçoso, dando-me as características de estar numa continuidade da igreja, porém, somente no plano em que eu me encontrava, não apenas pelas dimensões em si, mas também, pelas instalações semelhantes a um hospital.

Ao olhar interrogativamente para a irmã Joaquina, esta veio em meu socorro, esclarecendo:

– A igreja no plano físico ou material, se preferir, possui a sua extensão na dimensão espiritual, sendo obviamente ampliada pelas necessidades e aparelhamento ao que se propõe ao nosso posto avançado de assistência.

"Importante frisar que a sustentação do nosso ambiente ocorre não apenas pelo sacerdote responsável, um bom Espírito, oriundo das nossas falanges e que se encontra reencarnado e, em processo de desdobramento ocasionado pelo sono natural, visita-nos com regularidade. Não podemos olvidar também, que os participantes, ditos fiéis dessa congregação, são assíduos trabalhadores na área da prestação do serviço voluntariado, visando minimizar as dificuldades dos nossos irmãos em provação na Terra. Eles também, por sua vez, através das suas preces e atividades, contribuem para a sustentação já mencionada. Mente sã, corpo são, como dizia o poeta romano Juvenal, e podemos acrescentar, influência mental sã beneficiando ambientes e pessoas.

"No entanto, o mais importante no momento será o seu tratamento. Como um dos cuidados fundamentais, peço que durante o atendimento que lhe será prestado, não toque nos seus ferimentos para que não haja contaminação.

"Vou conduzi-lo agora até a área especializada e apresentar-lhe a um dos nossos servidores, que irá iniciar as tratativas, e será de grande auxílio a você mesmo a ligação com o Criador, através do recurso da prece, favorecendo desta maneira a sua recuperação."

– Mas, irmã Joaquina, eu mal sei rezar...

– A oração sincera, meu irmão, é aquela que fazemos com o coração e não uma mera repetição de palavras. Sentimentos importam e não fórmulas. Fale com Deus, com Jesus, da forma que você achar mais conveniente, desde que a sua postura seja sincera e respeitável.

– Está bem! Agradeço a orientação.

A minha interlocutora, seguindo à frente, levou-me até uma outra sala onde um rapaz parecendo-me um enfermeiro veio receber-nos, apresentando-se e dizendo chamar-se Maurício. Como pude, estendi-lhe a mão imunda, que ele não se recusou a apertar, dando-me sincero abraço em seguida para agradecer a irmã Joaquina, que se despediu, deixando-me à vontade com o novo amigo.

Fui levado a um tipo de câmara transparente, onde fiquei instalado numa maca, sendo pela simplicidade, apenas iluminada por um equipamento logo acima do meu corpo.

Retiradas as roupas e as bandagens, ou melhor, os trapos que faziam essa função, a iluminação foi reduzida e o Maurício informou-me:

– Nada tema, porque a sua terapia é constituída não apenas com a higienização em si, mas incluso, você receberá a assistência aos seus ferimentos, como uma pequena cirurgia, que irá restituir a sua condição original. Portanto, relaxe, para que os procedimentos anestésicos façam efeito em curto espaço de tempo. Qualquer coisa, basta que você me chame, está bem?

– Sim, obrigado.

Não consegui dar continuidade aos meus agradecimentos pela atenção e bondade que me era dispensada por conta de um sono incontrolável que se abateu sobre mim, promovido talvez pela mudança da iluminação naquele espaço.

CAPÍTULO 20

A preponderância do amor

Pelo meu pouco ou nenhum conhecimento, eu poderia admitir que o tratamento ou cirurgia teria durado apenas alguns minutos. Quando abri os olhos, encontrei-me instalado em uma enfermaria, após tomar ciência do ambiente como um todo.

Um som agradável fazia parte, como se estivéssemos em contato com a natureza, transmitindo uma sensação de paz indescritível, além da iluminação suave que complementava o quadro.

Algo ainda mais surpreendente era não sentir qualquer desconforto no crânio ou no rosto, para onde levei cuidadosamente a minha mão, tocando de leve um material que envolvia essas partes, muito leve, com parecença de um plástico fino ou mesmo silicone.

Minha investigação não pode ser continuada, porque passados alguns instantes, surgiu o Maurício, o enfermeiro que me atendera depois do encaminhamento realizado pela irmã Joaquina.

Sorrindo, ele questionou, já mencionando o meu apelido, que aliás, eu preferia ser tratado:

– Sente-se melhor, Kiko?

– Incrivelmente bem, obrigado. Como se fora um passe de mágica que suprimiu a dor em definitivo, dando-me a impressão que o material instalado refresca tanto a minha cabeça como o rosto.

– Faz parte realmente da terapia adicional após a cirurgia de reconstituição do seu corpo espiritual na região afetada, cuja condição de expressão em nosso plano é de plasticidade, não mais a densidade que estávamos habituados quando estagiávamos no planeta escola, ou seja, a Terra.

– Seja como for, Maurício, impressiona-me o ocorrido e sou mais uma vez grato por tudo.

– Como sempre nos lembram as irmãs que atuam em nossa instituição, agradeçamos ao Criador e ao Nosso Mestre Jesus.

– A propósito, como pode funcionar um verdadeiro hospital na dimensão paralela de uma igreja?

Sorrindo de leve, o meu interlocutor continuou:

– Você crê que as divisões montadas em muitas mentes sejam preponderantes à prática do amor?

"Quando amamos ou materializamos esse sentimento divino no exercício do bem, não existem fronteiras, cor, credo ou outro qualquer quesito que assuma maior importância entre as criaturas.

"O Senhor é para todos e não privilegia uns poucos conforme eles continuam acreditando poder manipular o Criador de acordo com os seus desejos.

"Apenas as mentes infantis no amor ainda vivem tal ilusão e, por vezes, lamentavelmente aliás, induzem outras, exatamente aquelas que se posicionam como necessitadas de arrimo e cuja confiança poderá ser traída para o benefício dos assim chamados falsos cristos ou falsos profetas.

"Mas, no momento, o importante é a sua recuperação, e como observa a nossa irmã Joaquina: não se preocupe, há tempo para tudo, porque no Universo de Deus, o aprendizado para os interessados não cessa."

– Fico feliz que assim seja, Maurício e, aproveitando, sinto-me tão bem-disposto, que eu levantaria se possível for para uma pequena caminhada, pode ser?

– No momento ainda não, porque você requer cuidados especiais. Aguardemos o médico responsável e, em momento oportuno, a liberação ocorrerá.

– Está ótimo, até porque, de uma maneira ou outra, estou aprendendo a administrar a minha ansiedade.

Na sequência, o enfermeiro se despediu com um até breve, deixando-me com as minhas reflexões, principalmente uma delas que eu não tivera coragem em relatar: a total liberação da dependência que me torturava. A questão era: será que o tratamento também operara mudanças no meu cérebro? Era algo para ser conferido.

CAPÍTULO 21

Sem rodeios

Eu precisaria aguardar um bom tempo, segundo os meus cálculos, para receber a visita do facultativo, que terminou enfim por chegar na companhia da irmã Joaquina.

Amorosamente, foi ela que aproximou-se informando que recebera do Maurício a notícia do meu estado, ficando feliz em me ver tão bem, apresentando na sequência o Doutor Saymon, um senhor aparentando talvez uns oitenta anos de idade, com características de quem possuía um olhar apurado.

Agradeci sensibilizado a presença de ambos enquanto o médico conferia algo em um pequeno aparato em suas mãos, passando em seguida a fazer-me questões usuais a respeito do meu estado após examinar-me cuidadosamente.

Dirigindo-se para a irmã Joaquina, informou que eu já me encontrara apto a circular pelas dependências da instituição, até porque, em dois dias seria retirado o material que revestia parte do meu rosto e crânio.

Olhando-me mais detidamente, perguntou a respeito das minhas dúvidas, o que aproveitei de imediato:

– Doutor, sinto-me muito bem, inclusive sobre certos aspectos de dependência.

Fui muito sutil na colocação, pela boa dose de melindre, principalmente por estar à frente da religiosa. No entanto, ele, sem qualquer cerimônia, demonstrando clareza, falou:

– Os efeitos da terapia aplicada em você, com uma duração de cinco dias, equilibraram o seu cérebro, especificamente no circuito de recompensa, permitindo desta forma que o desejo desenfreado da cocaína que te serviu durante um curto período na Terra, ficasse em condição suspensa, bem como os ferimentos produzidos em seu rosto e crânio por conta do atropelamento.

"Quando falo em suspensão, não fecho a questão direta dos efeitos em sua estrutura material, em momento do futuro reencarne, porque uma vez vincado o seu corpo espiritual nas suas mais tênues expressões, você será no final herdeiro de suas próprias ações por submeter-se em riscos excessivos, levando à morte do seu invólucro físico através da autoagressão, mais comumente conhecido como suicídio."

As observações sem rodeios agrediram-me a sensibilidade e, de forma abrupta, cortei-lhe a palavra, avisando:

– Desculpe-me, porém, não vim parar neste plano através deste desagradável acontecimento.

– Compreendo, meu jovem, no entanto, temos as ações de classificação direta, com o interesse no autoextermínio, enfermidade essa que também se expressa no suicídio inconsciente, lembrando que ambos são classificadas como patologias da alma.

"Agora, com o conhecimento do ato que lhe comprometeu a existência planetária, cabe a você, para o seu próprio interesse e desenvolvimento, tão logo esteja completamente recuperado, iniciar a terapia de autocura para minimizar no futuro as provas de refazimento completo do seu corpo espiritual, utilizando para isso do voluntariado junto a irmãos nossos em alto nível de necessidade, muito maior do que aquele que lhe pertence.

"Se houver disposição de sua parte, a nossa irmã Joaquina saberá introduzi-lo em atividades que estão mais de acordo com a sua faixa etária."

O modo direto que o médico possuía chicoteava o estilo em que eu fora habituado, em não ser contrariado ou mesmo receber um tipo de repreensão – pelo menos me soava assim – de um estranho. Quando quis rebater, ele fechou o ponto dizendo:

– Espero que você assuma as responsabilidades sobre as suas ações e tome um caminho diferenciado, produzindo no bem dos seus semelhantes e não mais apenas no seu. Medite demoradamente sobre isso, porque é o melhor que podemos te oferecer de momento.

Sem maiores delongas, encerrou:

– Preciso continuar as minhas visitas. Fique na paz do Senhor e ore pedindo a Ele que te ilumine e direcione.

CAPÍTULO 22

Ampliando conceitos

Pela minha alta dose de melindres, estimulados que foram no pouco tempo de existência no planeta a achar-me superior e ser atendido nos mínimos requisitos, as palavras do facultativo agrediram-me profundamente segundo os meus mais simples conceitos.

Quando a irmã Joaquina por sua vez também se retirou, após amorosas palavras de despedida, passei a analisar-me um pouco mais detidamente e, mesmo concordando com alguns dos pontos abordados a respeito da minha conduta, eu esperava, ou poderia mesmo crer, que um profissional daquela área pudesse ser um pouco mais humanitário e não um chicoteador simplório.

Lágrimas começaram a cair, muito mais pela minha revolta com a realidade estampada daquela forma, do que um recurso de arrependimento promovido por mim, pela incúria a respeito da vida.

Foram poucos os minutos em que fiquei naquela condição, porque muito provável houvera sido feita a recomendação do facultativo ou da religiosa para que o Maurício comparecesse logo em seguida aos pés da minha cama, expondo:

– Kiko, faz parte da terapia aplicada aos nossos assistidos a caminhada ao ar livre, inclusive já recomendada pelo Doutor Saymon, conforme deve ser do seu conhecimento.

Enxuguei as lágrimas com as costas das mãos da melhor maneira que eu pude e confirmei:

– Sim, o médico, usando de um certo grau de truculência, já me informara.

O enfermeiro, agindo com tato, deu continuidade:

– E com o tempo, e se for do seu interesse, a sua inclusão em atividades assistenciais em nossa instituição será muito bem vinda e, em paralelo, poderá auxiliar em muito a sua recuperação.

Não dei continuidade no tema e procurei levantar-me, sendo auxiliado pelo enfermeiro, que muito gentilmente colocou-me uma confortável pantufa e um roupão, ítens que se encontravam em pequeno armário ao lado do meu leito.

Sem conhecer o que me esperava, e com certa dose de receio, perguntei:

– Será seguro sairmos da dependência da igreja, uma vez que podemos ser alvo de pessoas mal-intencionadas?

Ele sorriu levemente e com paciência me esclareceu:

– A igreja que se reflete também na dimensão espiritual, com as ampliações que são do seu conhecimento, possui também uma área ajardinada, toda ela contando com proteção murada e energética, produzida por tecnologia disponível para este tipo de empreendimento. Tal construção nos coloca a salvo de qualquer tentativa de assalto de irmãos nossos que insistem em dar continuidade, claro que por certo período de tempo, nos seus desarranjos diante da realidade da vida, toda ela sustentada no amor.

– Por certo período de tempo, Maurício?

– Não poderia ser de outra forma, meu amigo, porque a natureza divina em nós, tanto quanto neles, como herdeiros do Criador que todos somos, se manifestará um dia, por mais distante que ele possa estar do momento atual. Kiko, nós não conseguimos nos distanciar por muito tempo do que somos em verdade.

"Note a sua própria experiência. No íntimo, algo não parecia estar em desacordo, mesmo não conhecendo a realidade do plano para onde você fora transferido depois do perecimento do corpo físico?"

– Sim, sim, faz sentido o que você me diz. Por mais confuso que fosse, recordo-me que alguma coisa muito sutil ocorria, mesmo que eu não desse importância. Talvez a própria não aceitação do passamento era um sinal inicial a esse respeito, não?

– Naturalmente que esse sentir é completamente individual, mas é algo ínsito na criatura, a não aceitação de um fim absoluto, por mais anestesiada ou auto hipnotizada que ela esteja.

– Todavia, Maurício, existem aqueles que negam qualquer possibilidade da continuidade.

– Sim, mas como disse anteriormente, por mais arraigado nesse conceito, temos que entender que será uma simples posição, uma questão pura de opinião, que não prevalecerá à frente da verdade, por mais tempo que a teoria perdure.

As palavras do enfermeiro abriam-me novas perspectivas no modo de encarar as ocorrências que fizeram parte da minha experiência até então, quebrando, mesmo que inicialmente, determinados condicionamentos a respeito de mim mesmo e da vida que eu levara.

Estava por continuar as minhas indagações quando atingimos a porta que nos separava do ambiente interno para o jardim, onde a natureza exalava um perfume revitalizador, produzindo um profundo bem estar logo no primeiro contato.

CAPÍTULO 23

Natural continuidade

O espaço para as flores, plantas e uma pequena fonte, não possuía dimensões exacerbadas, limitada que era por extensos e portentosos muros, mas uma área suficiente para que os assistidos caminhassem com acompanhantes, geralmente freiras atuando como enfermeiras, que os conduziam em passos firmes e, para os mais debilitados, a utilização de bengalas ou mesmo cadeiras de rodas estavam disponibilizadas.

Perante a minha admiração, a começar do espaço ajardinado e suas defesas muradas, além é claro das pessoas sendo auxiliadas, como era bem o meu caso, não resisti à indagação, no que fui atendido rapidamente pelo Maurício.

– Mudanças esperadas sem sentido, não, Kiko? Algo como um céu ou similar e, para contrastar, o inferno ou mesmo um purgatório. Criações respeitáveis, contudo, não condizentes com a realidade da continuidade da existência sem que a liberdade e as estruturas familiares e de relacionamentos, para simplificarmos, não fossem consideradas.

"Uma sequência, considerando as nossas próprias criações, demonstram a justiça divina, respeitando-nos a evolução e patenteando que a nossa natureza não dá saltos gigantes e, caso assim o fizesse, o desrespeito as nossas escolhas e construções nos tirariam o uso do livre arbítrio, tratando-nos simplesmente como criaturas produzidas em série."

– Eu jamais poderia supor que encontraria deste lado, se posso assim me expressar, enfermos, tal qual como eu, mais ainda dependentes de equipamentos para se locomoverem.

– Isto ocorre, meu amigo, em virtude do nosso corpo espiritual estar em adensamento relativamente próximo daquele que utilizávamos quando de nossa estada no planeta, diferindo-se, é claro, mas não ao ponto de ser diáfano como os propalados anjos. Espíritos existem que já alcançaram a sublimação pelo esforço constante no terreno do saber e do amor, estes sim já se apresentam com a estrutura sutil que os envolve, sendo necessário a intermediação de outras entidades para que possamos receber deles as comunicações.

– Maurício, pelo que você está expondo, temos diversas dimensões para abrigar essas iluminadas criaturas, correto?

– Não foi apenas para justificar os estados da alma que Jesus em Seus sublimes ensinamentos nos deixou, sendo registrado pelo apóstolo João em 14:2: *Na casa de meu Pai há muitas moradas; se não fosse assim, eu vo-lo teria dito.*

"O alerta refere-se às condições de implementação interior, aí sim, aquela de vivermos o nosso céu, inferno ou purgatório particular, mas também e, principalmente, a existência de vida abundante em toda a criação neste Universo que hora nos encontramos, como também em todas as suas dimensões, além é óbvio da existência de outros que iremos um dia conhecer ou mesmo experimentar."

– Impressiona-me profundamente, a começar pelo que foi real para mim, apesar de procurar não aceitar o fato desde o instante em que eu me encontrava no hospital, estando em definitivo fora do meu corpo e, tentando me convencer que passava por um sequestro ou coisa do gênero.

Meu interlocutor sorrindo, disse:

– Você não é privilegiado nesse contexto, Kiko. Por minha vez, em meu passamento, acreditei inicialmente estar saindo da cirurgia que havia sido submetido por um câncer no intestino, ainda jovem também no corpo tal como o seu caso, e dei continuidade, retornando para o meu lar sem entender de imediato as mudanças quanto à minha nova situação.

"Para mim, a princípio, nada havia mudado, até o instante em que não fui correspondido pelos familiares que lá se encontravam, revoltando-me como seria natural. No entanto, quando supus que poderia estar sob efeito de anestésico ou medicação conveniente, pela dimensão da operação, veio-me o desejo de orar, algo que me era comum e diário, não apenas em nossa família, no culto do Evangelho no lar, como também, por encontrar-me em lar espírita e estar envolvido nas atividades caritativas do Centro onde frequentávamos com regularidade.

"Quando assim procedi, amigos espirituais vieram em meu socorro, apesar dos primeiros contatos apresentar dificuldades para mim em relação à aceitação da partida definitiva daquele corpo que me servira por tão curto espaço de tempo."

Surpreso com a narração do meu novo amigo, não suportei a curiosidade e perguntei:

– Lar espírita e você numa igreja?

– Ora, Kiko, o amor não possui fronteiras ideológicas ou de casta, cor, crença. Somos todos filhos e filhas do Altíssimo, frutos do Seu incomensurável amor, que prevalecerá em nós à medida que nos dedicarmos à sua expansão. Por uma questão de tempo você verá.

Estávamos por continuar o nosso diálogo quando a irmã Joaquina surgiu à nossa frente, saudando-nos gentilmente e demonstrando a sua alegria em ver-me um tanto melhor.

CAPÍTULO 24

Teste

-A legro-me em vê-lo assim disposto, Kiko.
– Obrigado, irmã. Num primeiro dia em
que me aventuro fora do leito, creio estar bem, não?

– Tenha certeza disso. Aproveitando a oportunidade, você se sente propenso a ingressar em uma das nossas atividades assistenciais, conforme sugerido pelo Doutor Saymon?

– Sim. Embora não saiba exatamente onde eu possa ser útil e também pela condição em que ainda me encontro, no tratamento ao qual estou sendo submetido, que limita pelo menos por enquanto a minha visão.

– Acerca da sua utilidade, saiba que qualquer movimento realizado em favor de irmãos que se encontram em situação mais desfavorável se comparada à nossa, será de um benefício sem conta, tanto para eles, como é para nós, porque o nosso esforço no desprendimento em favor do próximo estimula as potencialidades superiores de Espíritos que somos, beneficiários da divindade.

"Agora, em relação ao seu contexto quanto a terapia limitante, faça uma pequena análise ao seu redor."

Ela dirigiu o seu olhar, convidando-me a fazer o mesmo para os pacientes que se encontravam mais próximos, cuja limitação era acentuada, a começar da locomoção em si.

Senti-me ruborizar perante o quadro e, saindo de uma posição rotineira em ser sempre servido, pelo menos durante o meu estágio planetário, disse-lhe:

– Irmã, disponha dos meus recursos, mesmo que limitados.

A religiosa sorriu e completou:

– Que o Senhor te abençoe a disposição nesse início de tarefas renovadoras, Kiko.

"Aproveitemos o passeio e vamos até um grupo que se posiciona mais adiante para que eu possa apresentá-lo."

Fomos caminhando pelas pequenas alamedas do jardim, rumo ao seu centro, podendo ser conferido o carinho que os enfermos como eu e os voluntários, seus acompanhantes, possuíam com a freira, todos em sua maioria saudando-a amorosamente.

Ao alcançarmos o nosso objetivo, em alguns bancos instalados em círculo, estavam jovens, todos aparentando possuir uma idade muito próxima à qual eu me encontrava, contudo, quase que em sua maioria, com semblantes abatidos.

Ao aproximarmo-nos, a irmã Joaquina apresentou-me ao pequeno grupo, informando ser eu um dos mais novos integrantes nos serviços assistenciais.

De uma forma geral, o olhar tanto dos rapazes como das garotas, não despertou grande curiosidade sobre a minha pessoa, causando-me certo constrangimento em ser ignorado, ferindo um tanto o meu orgulho.

Somente uma das moças, lindíssima aliás, apesar da sua debilidade, deu-me as boas-vindas, fazendo com isso que eu me sentisse um pouco melhor.

Ao sinal da irmã Joaquina, ela indicou-me um lugar para que eu me sentasse junto deles, o que fiz sob certo constrangimento em sentir-me não completamente bem aceito, coisa que no meu período no planeta, jamais experimentara algo semelhante por ser bem recebido onde quer que eu fosse.

Talvez a posição social se tornasse preponderante naquele período, mas agora, a condição de igualdade, pois éramos todos pacientes, colocava-me diante de uma nova realidade, além daquele material empregado no meu crânio e face, o qual poderia servir de algum constrangimento para os presentes.

Terminou que tanto o Maurício como a freira se afastaram, deixando-me com o grupo, aumentando desta forma a minha insegurança.

Interessante foi notar que o tempo em que eu permaneci com eles, alguns minutos, até o retorno da dupla que me instalara naquele local, pareceram horas, pois os jovens presentes sequer trocaram uma palavra entre eles ou comigo, ou mesmo olharam para mim um pouco mais detidamente.

Um verdadeiro teste em ser literalmente ignorado e, por minha vez, dei graças a Deus quando o Maurício adiantou-se e me convidou a retornar para a enfermaria.

Ao me despedir do grupo, somente a jovem que me dera as boas-vindas levantou a sua cabeça e, olhando rapidamente em minha direção, disse um "até breve".

CAPÍTULO 25

Disposição em servir

No retorno para a enfermaria, nos despedimos da irmã Joaquina e, tão logo que pude, indaguei o enfermeiro no tocante ao episódio com o grupo de jovens. Ele foi direto na resposta:

– Todos eles vivem o drama da dependência química, com o mesmo produto que você utilizou por um período de tempo.

Cheguei a um engasgo, tamanha a surpresa:

– Como?

– Sim, Kiko, sem exceção, o pequeno grupo que está reunido e em profunda terapia, foi vítima de overdose.

– Mas, Maurício, porque não me encontro tal como eles, uma vez que eu também sou um dependente.

– Além do tratamento que lhe foi dispensado, como ocorre com os nossos irmãos e irmãs que acabamos de visitar, você não possuía a profundidade da dependência como eles se encontravam quando encarnados.

"Precisamos conceituar as questões orgânicas, predisposições, processos obsessivos por afinidade vibratória, denominados nestes casos como oportunistas, abandono à própria sorte por desistência de familiares, entre outros lamentáveis quesitos que a utilização de uma droga promove.

"Essa é a real diferença que a terapêutica aplicada em você surtisse um efeito considerável, contudo, não creia que numa próxima existência, tendências em relação à dependência desapareça como num passe de mágica."

– Existe alienação nos componentes do grupo?

– Alienação propriamente dita, não, porém, um grau razoável de entorpecimento, promovido pelo tratamento que eles recebem, significando que já melhoraram em muito, pois foram retirados da ansiedade do consumo e, internados como se encontram, não se posicionam como elementos vampirizadores de irmãos nossos que ainda mourejam no corpo físico e fazem uso contumaz de alguma droga.

– Vampiros?

– Não como os exageros cinematográficos, mas criaturas necessitadas, que desconhecendo a suas condições de desencarnados, fazem verdadeiro acoplamento perispirítico com os consumidores, podendo dividir por sucção o material em estado vibracional mais eterizado e, para fazer-me entender, como se ocorresse o aproveitamento dos vapores que o produto possui. Tomemos o álcool como exemplo e sua consequente evaporação.

Como o meu conhecimento era limitado nesse campo, notei que as explicações foram as mais óbvias possíveis, despertando-me a curiosidade em conhecer, ponto esse que me pareceu ser captado pelo meu interlocutor, porque ele disse em sequência:

– Temos cursos na unidade na qual estamos alojados e, em breve tempo, você poderá ingressar em um deles, ampliando os seus conhecimentos, não apenas no terreno mencionado, mas também em assuntos outros voltados o nosso sistema evolutivo.

– Sendo prático, Maurício, em que eu posso auxiliar aqueles jovens?

– A experiência, por menor que seja, nos conecta com facilidade com quem esteja vivenciando o problema, concorda?

– Sim, costuma ser mais fácil.

– Perfeito! Então, você poderá estimulá-los no sentido de retirá-los gradativamente do mutismo em que se deparam.

– Eles não são atendidos por psiquiatras ou outros profissionais de áreas semelhantes?

– Certamente, contudo, a integração energética ou vibratória é um elemento poderoso na continuidade da assistência, por uma série de aspectos que as pessoas de faixa etária aproximada podem trocar. Aí está a oportunidade de servir, conforme recomendação do Doutor Saymon e convite da irmã Joaquina, que tanto ela como eu, estaremos juntos no início de suas atividades. O que me diz?

– Estou disposto, sabendo de antemão que preciso talvez mais desse apoio do que os nossos irmãos.

Sorrimos e o Maurício completou:

– Kiko, quando nos predispomos ao bem, o apoio é do Cristo em primeiro plano. Confiemos!

CAPÍTULO 26

Início das atividades

No dia seguinte, lá estava eu, na companhia da irmã Joaquina e do Maurício para o início das atividades junto aos irmãos e irmãs dependentes e tão necessitados da terapia em conjunto, cuja semelhança ao meu caso era completa.

A realidade não demorou para bater de chofre, uma vez que as questões naturais se fizeram presentes, do tipo:

"O que eu tinha de fato a oferecer, sendo eu um adolescente sem qualquer experiência de vida ou conhecimento na área da psicologia, por exemplo? Como começar a abordagem com efetividade? Com que argumento? Por eu estar com aquele tipo de atadura cobrindo crânio e face, se alguém me atendesse, não seria por comiseração do meu estado?"

Aliado a esses pontos, surgiu a insegurança pelo descrédito em mim, sentindo-me incapaz para a tarefa.

Eu não saberia explicar naquele momento o recurso que os meus acompanhantes possuíam em relação à mente, pois uma enigmática atuação deu-se através do Maurício, que pareceu ler os meus pensamentos, ou talvez as minhas demonstrações inseguras fossem tamanhas, que qualquer pessoa poderia fazê-lo.

Ele adiantou-se e, com discrição, sugeriu que eu me sentasse próximo à jovem que parecera notar a minha presença ou dar alguma importância no dia anterior da minha frustrada e curtíssima estada.

Fiz conforme o indicado, e antes de me acomodar num espaço vago entre ela e outro rapaz, cumprimentei-a de maneira simples:

- Tudo bem com você?

A resposta não surgiu para a minha completa decepção e todos, quanto ela, mostravam-se alienados ou entorpecidos. Eu não saberia onde começava um e terminava o outro aspecto.

Mais uma vez eu fui socorrido pelo enfermeiro, que sinalizando com a cabeça, solicitou que eu insistisse, o que terminei por fazer com aumentada insegurança na voz, repetindo a pergunta.

Aguardei a resposta já torcendo as mãos quando ela, parecendo sair de um surto ou algo como um despertamento de um estado onírico, virou-se em minha direção olhando-me nos olhos, naquele pelo menos que estava sem a bandagem, e respondeu:

– Sim... acho que sim...

De certa maneira achei uma vitória, mas que se mostraria extremamente curta, por não haver qualquer continuidade, sendo patentes os estragos que a dependência houvera produzido e, agora, eu realizava e interiormente agradecia a Deus por ter saído da existência física antes que o dano profundo que presenciava fosse concretizado em mim.

Como questioná-la não surtiria qualquer efeito, olhei interrogativamente para os meus acompanhantes, e foi a irmã Joaquina que, sorrindo em minha direção, aparentava me dar uma sugestão mental para que eu falasse por conta própria.

Interessante que por vezes alheio ou na grande maioria das ocasiões, a natureza nunca me despertara a curiosidade. Atribuí naquele momento ao provável estímulo promovido pela religiosa, porque passei a comentar sobre as belezas do dia e do ambiente.

Literalmente era como conversar sozinho, fazendo-me sentir um tanto ridículo junto ao grupo, que inclusive me era desconhecido.

Fiquei falando como um papagaio, descrevendo as belezas dos detalhes da vegetação, com especial foco nas flores, suas cores, formatos e perfumes.

Os minutos correram e quando eu estava por desistir, um dos rapazes levantou a cabeça, olhando-me diretamente e disse:

– Legal, cara, muito... nunca havia percebido isso.

Vi uma oportunidade de diálogo e continuei:

– A natureza é um presente de Deus, não?

Mais uma vez a resposta demorou, dando-me a certeza de que ele procurava algo no seu cérebro, como uma recordação das próprias palavras, comprovando os efeitos danosos do que consumira durante um tempo que eu não poderia supor.

Voltou com extremada descrença ao perguntar:

– Deus, cara? E Ele existe?

Respirei aliviado, pois apesar do pouco, o diálogo dera continuidade, sendo uma chance de argumentar:

– Eu também tive minhas dúvidas, mas o amor que me foi dispensado pelas pessoas que me assistem até hoje, começaram a comprovar que Ele existe, porque só um Ser de grandiosidade infinita teria por base em toda a Sua criação esse nobre e elevado sentimento.

Surpreendi-me, porque eu sentia que as palavras não eram minhas e sim uma inspiração, a qual eu poderia estar recebendo diretamente da irmã Joaquina, sendo eu um mero intérprete.

Ele olhou-me mais uma vez, um tanto desconfiado, para dizer:

– Não sei! Mas, que importa?

– Importa sim, meu irmão, porque muda completamente nossa relação, a começar de nós mesmos, onde surge de imediato o respeito e o valor a nossa própria pessoa.

Não houve mais resposta, apenas pude notar que o meu interlocutor, antes de abaixar a cabeça e entrar naquele mutismo atroz, tinha os olhos mareados.

O Maurício, que também observava tudo atentamente, fez um sinal para que eu encerrasse a ação em palavras e recomendou que ficasse apenas mais um tempo junto deles.

CAPÍTULO 27

Significativas mudanças

Atuei conforme a recomendação do enfermeiro, mantendo-me em silêncio, contudo, os minutos davam-me a impressão de horas e, não observando mais nenhuma manifestação daqueles que poderiam ser os meus interlocutores, passei a fazer preces pedindo ao Criador e a Jesus que envolvessem nossos irmãos e irmãs em suas vibrações de equilíbrio e paz.

Mantive-me concentrado com o meu olho fechado e, quando abri, uma agradável surpresa ocorria no ambiente, sendo impossível afirmar se eu imaginava ou era real a claridade que o Sol emanava, deixando aquele espaço mais brilhante que o normal.

A verdade é que eu me sentia maravilhosamente bem, como enlevado em uma atmosfera diferenciada e ao mesmo tempo como conectado à vegetação e as demais pessoas ao meu redor.

Essa impressão peculiar foi gradativamente se desfazendo, evidenciando que a oração realmente produzira aquele espetáculo raro de beleza e de bem-estar.

Impressionei-me com os resultados e ao mesmo tempo me indagava como eu fora negligente com esse recurso de natureza superior de ligação com Deus, pois sempre achei de rematada bobagem, literal perda de tempo, ficar fazendo qualquer tipo de rogativa ou expressar gratidão, a começar pela vida.

Outro ponto que causava espécie em mim, era a alteração de postura, mais adulta se comparada com a idade, provando que eu amadurecera anos em meses, por algum recurso aplicado ou mesmo o tempo na dimensão em que eu me encontrava ser diferenciado quando comparado à crosta planetária.

Saí das minhas elucubrações pelo chamado discreto do Maurício, indicando a necessidade de retornarmos à enfermaria.

Agradeci aos meus acompanhantes e tão logo a irmã Joaquina se retirou para outras atividades, surgiu-me a oportunidade de questionar o meu literal cuidador:

– Duas ocorrências me chamaram a atenção neste curto, mas valoroso episódio.

– Fale, Kiko. Quais foram elas?

– O primeiro deu-se quando eu interagia com o rapaz, como você observou. As palavras pareciam ser originadas em outra mente e transferidas para a minha.

– Perfeita observação, pois elas de fato foram emitidas pela irmã Joaquina, num dos tantos procedimentos mediúnicos entre nós, estejamos em que dimensão nos encontrarmos, respeitando obviamente os conhecimentos detectados em você, porque o intermediário jamais será um robotizado.

"E a segunda, Kiko?"

– Uma mudança no terreno da maturidade ou postura que não condiz muito com o que se espera da idade, a minha naturalmente e, sem querer comparar com outros jovens na mesma faixa etária...

– Bem observado. Dois fatores podem ser contemplados nessa pequena, mas importante mudança: a questão tempo, que em nossa dimensão é um tanto mais acelerado, e certos despertamentos da bagagem que você possui como

Espírito imortal, toda ela residindo em nós, em nosso subconsciente profundo, podendo em alguns ítens ser disposta.

"Como você vê, não existem alterações mágicas em nós porque passamos para outro plano e sim demonstramos o que temos, o que construímos."

– Mas e a minha aparência, Maurício? Por que não houve significativa mudança?

– Seu padrão mental, vendo-se como o adolescente que habitou por um período o plano físico, podendo ela perdurar por mais algum tempo, porém, como o perispírito é matéria, não tão adensada como no planeta, as influências do já citado tempo também irão ocorrer em nossa dimensão, por ser ela muito próxima da terrena.

– Incrível como pouca coisa muda. Noto então, que despertei alguns valores em mim. Agora, isso ocorreria caso eu continuasse reencarnado?

– Sim, mas em virtude dos seus desregramentos, apesar de possuir algum grau de conquistas no âmbito geral, porque somos Espíritos em ascensão, em evolução e não completos, tal desenvolvimento seria contemplado...

Compreendendo aonde o enfermeiro iria chegar, interrompi completando:

– Desencarnar, no meu caso, terminou por ser uma bênção.

– Exatamente por isso, nunca poderemos avaliar o que está por trás das experiências de cada um de nós. Como você mesmo observa, a sua saída do planeta foi providencial para a não continuidade de maiores comprometimentos com a vida, a sua.

Antes que eu colocasse outra pergunta, o meu interlocutor continuou:

– Quanto ao acidente ocorrido, como nada é por acaso, veja que ele responde pela sua postura equivocada no planeta, dando as possibilidades do episódio, porque em realidade, mesmo com as nossas programações realizadas previamente antes de reencarnarmos, somos senhores e senhoras do nosso tão propalado destino, podendo alterá-lo pelo uso do livre arbítrio, tanto para melhor ou infelizmente para pior.

"Mas é imperioso lembrar que tudo será lição para o aluno, tão logo ele se conscientize, porque no Universo de Deus nada é perdido."

Não poderiam ser mais claras as explicações do enfermeiro, apesar de resumidas e, quando me preparava para mais inquirições, já posicionados no interior da enfermaria, encontramos o Doutor Saymon em suas visitas, que saudou-nos cordialmente e, olhando diretamente para mim, informou:

– Meu jovem, em poucos minutos passo pelo seu leito e vou verificar se temos condições de retirarmos em definitivo as suas bandagens.

Agradeci ao médico e, exultante, me dirigi ao meu pequeno espaço.

CAPÍTULO 28

O grande desafio

Logo eu recebia a vista do Doutor Saymon, tendo ao seu lado o Maurício, com quem eu me afeiçoara como um aprendiz.

Após algumas análises, o facultativo passou a retirar o que decidi classificar como bandagens, por falta de uma explicação melhor a respeito do material e, assim que foi terminado o procedimento, o médico solicitou ao enfermeiro que trouxesse um espelho.

O resultado era surpreendente quando passei a me olhar detidamente, com todos os traços minimamente reconstituídos, como se nada houvera ocorrido na minha face e cabeça, incluindo os cabelos, que no local do acidente, nasciam sem qualquer impedimento.

A minha alegria foi tamanha, que as lágrimas se fizeram de imediato diante de tamanha benção, e tão logo eu consegui detê-las, interpelei:

– Como é possível tamanha riqueza de detalhes?

Foi o médico que adiantou-se, respondendo:

– A plasticidade do corpo espiritual em nossa dimensão, permite que as terapias surtam esses efeitos, de caráter imediato se comparado ao corpo físico, cujo adensamento necessita de prazo muito mais acentuado para apresentar resultados satisfatórios, isso quando conseguimos em sua integralidade.

"Em paralelo, possuímos conhecimentos e tecnologia diferenciada, as quais são transferidas ao plano terreno a medida da sua evolução."

– Compreendo, Doutor, mas por que a demora?

– Diremos que a necessidade da aplicação do bem impulsiona as questões evolutivas em todas as áreas. Muito conhecimento em mãos despreparadas produzem mais dano do que benefício.

"Exatamente por isso, as descobertas e consequentes conhecimentos vão ocorrendo conforme a dinâmica do Espírito."

– Significando dizer então, Doutor, que numa dimensão ou mesmo planeta onde os Espíritos estejam mais evoluídos, a situação deles possui uma diferenciação significativa, por exemplo, quando tratamos da saúde.

– Exato, meu jovem, levando em consideração que a enfermidade persegue a evolução, ou melhor, a sua redução. Neste caso, o menos é mais.

Eu estava empolgado com as informações do médico, por mais básicas elas pudessem ser, no entanto, para mim, um neófito, maravilhava-me por completo.

Porém, pelo volume de pacientes, notei que o tempo dele comigo não poderia ser estendido e, apesar de achar a princípio que a sua postura era de muita rigidez, ao contrário, ele se mostrava como um educador. Na sequência, antes de despedir-se, concluiu:

– O Maurício poderá auxiliá-lo em suas dúvidas, mas o melhor será você ingressar em um dos cursos básicos que mantemos no período noturno. Fique em paz e não se esqueça de que o trabalho em favor do próximo produz a realidade da cura dos nossos desacertos.

Ao se retirar, voltei-me para o enfermeiro indagando:

– Em questão de futuro, meu amigo, o que poderá acontecer quando do meu retorno ao planeta? Manterei as mesmas condições que conquistei nesta dimensão, em matéria de corpo?

– Você pergunta sobre os vincos produzidos, pelos excessos e o acidente, não?

– Exato!

– Poderão sim ser minimizados, porém, alguns resquícios serão mantidos por conta de a agressão não atuar apenas no corpo espiritual mais imediato, mas também nas camadas mais sutis que lhe fazem parte.

"Mas o que importa agora é a aplicação no conhecimento e gradativamente transformá-lo em prática. Descanse por um tempo e à noite iremos até a área de ensino para que eu possa introduzi-lo em um dos nossos cursos."

O enfermeiro, ao se retirar, deixou-me estimulado com o fruto que o meu trabalho poderia produzir, mas acima de tudo, reflexivo com o que eu fizera com a minha curta estada no planeta. Não entrei em condenação por ser um dispêndio energético, mas em conscientização, procurando reforçar a posição de não mais reincidir em tantos erros. Esse seria o grande desafio.

CAPÍTULO 29

Lição extra

À noitinha, o Maurício veio me buscar e encaminhamo-nos para a área de ensino num dos andares da instituição que me abrigava, onde várias salas se espalhavam pelo local com boas acomodações, pelo que pude observar ao passar, lembrando em tudo uma escola normal.

Em uma delas, uma senhora com ares que transpiravam bondade, veio nos receber, informando chamar-se Juliana.

Feitas as apresentações, o enfermeiro amigo retirou-se deixando-me devidamente instalado.

Olhei ao derredor e notei equipamentos diferenciados daqueles poucos que eu conhecia na Terra, quando as escolas ainda engatinhavam no uso dos novos recursos.

Aos poucos os outros alunos foram chegando, sendo alegremente recebidos pela professora e, para a minha total surpresa, a jovem que eu conhecera instalada na fonte entrou com mais um daqueles participantes, ambos acompanhados de um enfermeiro que os colocou em cadeiras relativamente próximas à minha, sendo que, neste caso, ele próprio se posicionou ao lado deles.

Achei estranhíssimo, visto que eles se mantinham totalmente alienados, sendo conduzidos sem qualquer noção de onde se encontravam e o que poderiam fazer exatamente. Pelo menos para mim, aquilo não fazia qualquer sentido, mas o mesmo não se passava com os outros participantes que encaravam a conjuntura com normalidade.

Não foi demorada a espera, porque logo a professora iniciava o evento ou aula com uma prece, para colocar em seguida numa projeção, por um equipamento diminuto até, uma imagem de Jesus, que parecia estar presente na sala, ao lado dela, tamanha a riqueza de detalhes.

Em seguida, o tema foi apresentado, sendo ele intitulado: Bem-aventurados os que são misericordiosos, onde foi destacado o registro de Mateus, 18:15, 21 e 22: *Ora, se teu irmão pecar contra ti, vai, e repreende-o entre ti e ele só; se te ouvir, ganhaste a teu irmão.*

Então Pedro, aproximando-se dele, disse: Senhor, até quantas vezes pecará meu irmão contra mim, e eu lhe perdoarei? Até sete?

Jesus lhe disse: Não te digo que até sete; mas, até setenta vezes sete.

Na apresentação, os pontos analisados tocavam-me profundamente, sobretudo os meus exames precipitados aos dois outros alunos, cuja condição eu ainda não conseguira assimilar pelo estado de cada um.

Após a aula, que produziu em todos um tipo especial de arrebatamento, pelos comentários feitos entre os presentes, o Maurício veio me buscar, assim que me despedi da carinhosa educadora.

Vendo os dois jovens se retirarem, sendo literalmente conduzidos pelo enfermeiro que os acompanhava, não resisti ao questionamento:

– Maurício, não entendi o porquê da presença desses nossos irmãos pelo estado em que se apresentam, apesar de eu saber, e a aula me tocou neste particular, a necessidade de sermos misericordiosos.

Antes de responder, o meu interlocutor deu um breve sorriso:

– Kiko, folgo em saber que você procura agir com bom senso quando se refere a compaixão para com esses nossos irmãos e chega a ser natural a sua curiosidade sobre o fato.

"Ocorre que não somos apenas tratados através do corpo que nos atende nessa dimensão, como acontece quando estamos no planeta, não querendo generalizar para todas as terapias existentes.

"O benefício produzido pelas vibrações ambiente, por conta da assistência que recebemos de mentores amigos, que atuam a distância enviando-nos energias e sugestões de suma importância para o nosso crescimento, é o porquê dos nossos irmãos que estão um pouco mais despertos estarem presentes.

"Você notou que se tratava da moça e do rapaz que de certa maneira interagiram com você, não?"

– Sim, mas pelo pouco...

– Os registros das lições ministradas vão ficando gravadas no inconsciente desses nossos irmãos, por menores que possam ser eles, além da contribuição energética, verdadeiro tratamento que tanto eles como os demais são submetidos.

"Um dia, demore o tempo que for necessário, eles despertarão desse estado apático e contarão com os recursos que lhes foram ofertados, minimizando aspectos acusatórios sobre o que fizeram de suas frustradas existências.

"Em tudo, o amor de Deus nos sustenta, e o bem realizado, seja ele qual for, fica registrado indelevelmente em todos nós, produzindo com o tempo as alterações em nosso íntimo pela identificação com o que somos, herdeiros e herdeiras de Sua divindade, estimulando as potencialidades que nós possuímos."

Mais uma vez eu ruborizara, porque conferia como as minhas análises precisavam de uma revisão completa, entretanto, o caridoso amigo, alterando o assunto, finalizou:

– Amanhã, quando nos encontrarmos com o grupo, procure observar as mudanças ocorridas com os citados irmãos. Claro, elas não nos impressionarão de pronto, até porque, não existem saltos na natureza, principalmente a nossa, todavia, por mais sutil que possa parecer, há um grau de importância significativo no processo de recuperação de cada um deles.

"Mais uma vez, Kiko, quando agimos com amor, nos ligamos diretamente com toda a criação pela sustentação que já nos referimos. Aliás, foi Jesus que nos ensinou a respeito, anotação essa feita por Mateus 25:35-40, que destaco:

Porque tive fome, e destes-me de comer; tive sede, e destes-me de beber; era estrangeiro, e hospedastes-me;

Estava nu, e vestistes-me; adoeci, e visitastes-me; estive na prisão, e foste me ver.

Então os justos lhe responderão, dizendo: Senhor, quando te vimos com fome, e te demos de comer? ou com sede, e te demos de beber?

E quando te vimos estrangeiro, e te hospedamos? ou nu, e te vestimos? E quando te vimos enfermo, ou na prisão, e fomos ver-te?

E, respondendo o Rei, lhes dirá: Em verdade vos digo que quando o fizestes a um destes meus pequeninos irmãos, a mim o fizestes."

A lição extra me remetia diretamente ao todo que houvera sido feito em meu favor, desde o instante em que eu coloquei o pé dentro da igreja, fugindo dos meus escravizadores. O coração de criaturas tão dedicadas trabalhavam para a minha recuperação, fazendo em paralelo, que eu repensasse não em retribuição pura e simples, mas em continuidade, porque o amor é ação e como ação que é, não pode ser barrado, exatamente como a água que ao encontrar objetos em seu caminho, procura contorná-los.

CAPÍTULO 30

Pequenas, mas importantes vitórias

Entusiasmado com as lições recebidas, na manhã seguinte, acompanhei o enfermeiro para a reunião com os nossos irmãos em assistência, que apenas se diferenciava daquela em que eu me encontrava submetido.

Antes que alcançássemos nosso objetivo, o Maurício salientou:

– Kiko, noto você bastante empolgado, entretanto, como dissemos previamente, não espere grandes manifestações dos nossos irmãos.

– Sim, mas sejam elas quais forem, meditei um pouco sobre o que me foi dito e aguardarei com confiança não apenas as alterações processadas por eles, mas as que me são inerentes.

Chegamos e encontramos o grupo que fora instalado por diligentes enfermeiros e, aproximando-me, cumprimentei com um solene "bom dia", desejando do fundo do coração que realmente fosse ele muito bom.

Silêncio absoluto por alguns segundos, até que a moça que interagira comigo em outra oportunidade, levantasse um pouco a cabeça pendida para o solo e se manifestasse, devolvendo a saudação.

Exultei com o resultado, por menor que fosse ele, e avançando cuidadosamente em sua direção, sentei-me o mais próximo possível, para questioná-la como ela estava se sentindo naquele lindo dia.

Mais alguns segundos que pareceram minutos para mim, ela olhou-me nos olhos, agora nos dois e disse, procurando as palavras e com a voz um tanto insegura:

– Você... você retirou a toca e a cobertura do olho.

Aquilo para mim era uma vitória. Procurei alongar a conversa perguntando:

– Que tal? Ficou melhor?

A resposta não veio conforme o esperado, porque mais uma vez o seu olhar vagou para longe, sendo que na sequência ela entrou em seu mutismo, voltando à posição original semelhante aos demais, abaixando em definitivo a sua cabeça.

Um pouco mais afastado, o Maurício sinalizou para que eu continuasse falando do dia e da natureza ao nosso derredor.

Procurei colocar o meu foco desta vez no som da fonte de águas cristalinas e no cantar dos pássaros, apontando os detalhes como se conversasse com a minha turma de colegas quando me encontrava nas reuniões no planeta, principalmente as ocorridas no colégio onde eu estudava, ou melhor, frequentava.

Aguardei que alguém mais se manifestasse na esperança de que pelo menos o rapaz que se mostrara mais lúcido quando observara a natureza em nosso último encontro dissesse algo; todavia, nada aconteceu.

Continuei um pouco mais até ser chamado pelo enfermeiro, informando que poderíamos nos retirar.

Antes que eu voltasse para o meu rotineiro ambiente, o amigo informou:

– Estaremos fazendo a sua transferência para um aposento, uma vez que o Doutor Saymon já providenciou a sua alta. Trata-se de uma das nossas unidades provisórias, até que você possa em definitivo ser transferido para uma das nossas cidades mais acerca, porque nos encontramos em posto de socorro avançado.

Surpreendido, questionei:

– Uma cidade? Neste caso, como vou me virar neste novo local? Morar e viver, como?

Ele sorrindo, respondeu:

– Calma! Você será alocado com pessoas próximas, que já conquistaram seus espaços pelo serviço que prestam aos seus semelhantes.

– Pessoas próximas?

– Aquelas que não se encontravam reencarnadas quando da sua última estada, mas fazem parte de um agrupamento mais extenso de criaturas, no qual você se inclui.

"A família, tal como a classificamos, está além dos laços parentais, Kiko, conforme é do seu conhecimento. Diante da divindade, todos nós somos uma única agremiação de irmãos e irmãs.

"O reconhecimento deles não ocorrerá de imediato pelas limitações que são naturais em relação a recordação de outras existências que ainda não são desejáveis pela nossa evolução, no entanto, as vibrações de confiança e amizade serão naturalmente identificadas, porque no fundo, o que importa são as manifestações do coração."

– Mas, e as minhas aulas e o serviço inicial que estou prestando junto ao grupo de jovens?

– Por isso eu pedi que você se mantivesse calmo. Não faremos tudo de uma hora para outra. Estamos apenas falando de futuro, porque no Universo do Criador, tudo é dinâmico e uma coisa que não podemos fazer é estacionar, porque será perder um tempo precioso em nossa escalada.

"O serviço que você presta hoje, é terapêutico para ambos os lados, o seu e o deles, e tão logo sua capacitação cresça, sua transferência poderá ser realizada."

– Maurício, não posso continuar a ser um voluntário desta unidade?

– Natural que sim, poderá ser inclusive um dos seus compromissos, mas, já instalado em outro ambiente, por dois aspectos que se fazem importantes: a sua ampliação em conhecimento e outras atividades e, também, por necessitarmos de espaço para atendermos irmãos e irmãs que batem às nossas portas em suas condições de recém desencarnados.

– Bom, devo entender que, de certa forma, alcancei algum sucesso, mesmo que mínimo e, se for o melhor para mim, vou aguardar.

Me conhecendo um pouco mais, o meu interlocutor finalizou sorrindo:

– Porém, administrando a ansiedade, está bem?

CAPÍTULO 31

Preocupações

Com o passar dos dias, foi inegável que a insegurança iria se estabelecer por algumas questões que se fizeram inevitáveis nas minhas preocupações:

– Quem seriam esses familiares ou amigos de outras eras? Como eu poderia viver fora da instituição que me abrigara, pelas necessidades óbvias do meu estado, e ser transferido para um local onde eu iria morar de favor? E as inconveniências para os residentes, tendo um sujeito estranho no mesmo ambiente?

Eram ítens que me assaltavam e resolvi apresentá-los para o Maurício, porque eles comprometiam as minhas atividades de assistência ou terapia com o grupo, incluindo a falta de atenção no curso que eu ingressara.

O enfermeiro me atendeu solícito e assim que expus o meu problema, ele considerou:

– Kiko, a ansiedade pode se tornar um elemento patológico se não nos mantermos vigilantes na sua administração, aumentando em muito o nosso receio em enfrentar pequenos desafios, comprometendo-nos em relação a aqueles de maior importância para a nossa evolução.

"Considerando que o nosso problema é o maior do mundo, por ser nosso, precisamos trabalhar o ângulo que mais causa inquietação.

"Sugiro antes do tratamento em que iremos colocá-lo, que façamos um pequeno teste. Aceita?"

– Mesmo sem saber do que se trata?

O bom humor do Maurício se manifestou ao dizer:

– Meu caro, nada que não seja suportável. Por favor, me acompanhe.

Fomos em direção a uma das partes do edifício que nos abrigava, desconhecida para mim, onde nos servimos de uma escadaria, levando-nos ao subsolo e, de lá, para um tipo de rampa, que ao utilizá-la, terminamos por nos achar no interior da igreja.

Avançamos, tendo ele à minha dianteira, até alcançarmos a enorme porta que nos colocava na rua, que para a minha total surpresa, se mostrava ainda pior do que eu registrara até o dia da minha fuga.

A região desolada, com a escuridão reinante e uma temperatura estranhamente fria, imprimiu-me de imediato um temor, pela recordação dos experimentos cruéis em que eu fora submetido.

Instantaneamente recuei alguns passos, procurando o abrigo da igreja, quando o amigo interveio:

– Notou como precisamos administrar sentimentos e emoções? A simples recordação de acontecimentos passados pela exposição ao ambiente que não é desconhecido por você, remeteu aos quadros de insegurança, gerando com isso impedimentos variados que precisam ser trabalhados para que eles, inseridos no inconsciente, não se tornem verdadeiras travas no processo evolutivo.

"Eles podem agir inclusive em associações, à frente de eventos similares, provocando com isso, um real travamento em nosso caminhar, limitando-nos mesmo, sem que tenhamos uma explicação plausível para o fato.

"Compreende a relação com as informações que lhe foram adiantadas, quanto a um futuro breve?"

– Existe sentido no que você está me esclarecendo, porém, não seria algo natural a preocupação com a mudança?

– Exatamente aí residem os impedimentos em nossas decisões, Kiko, por preocuparmo-nos, dispendendo energias valiosíssimas.

"Não queremos afirmar que desprezemos a prudência, mas daí nos ocuparmos previamente por algo que sequer poderá ocorrer, se constitui num desgaste acentuado e desnecessário.

"Você teme o convívio com as pessoas, a sua instalação em uma nova residência, mas em momento algum não lhe passou que jamais iríamos colocá-lo em condição ou local inconveniente ao seu crescimento?"

– Interessante notar, Maurício, que os pensamentos contrários, ou negativos mesmo, foram os que me ocorreram em primeiro plano.

– Exatamente por isso, Kiko, que precisamos trabalhar, exercitando-nos ao máximo na fé em nós mesmos, em nossos potenciais de seres divinos, herdeiros do Criador, para que a realidade da nossa convivência com Ele se faça.

"Não nos cabe a imprudência, aliás ensinada por Jesus em Mateus 10:16, que utilizamos apenas da parte final: ... *sede prudentes como as serpentes e simples como as pombas.*

"Me referi a parte final do registro do Evangelista, porque não iremos te enviar como *uma ovelha no meio de lobos.*"

Rimos os dois a respeito do importante aviso de Jesus, sendo que na sequência o enfermeiro amigo convidou-me a retornar, sugerindo-me a inclusão em uma terapia fluidoterápica de reforço.

CAPÍTULO 32

Bom ânimo

Depois de ser muito esperado, com o passar dos dias em trabalho assistencial com os jovens dependentes, tanto como eu, e a participação nas aulas, que sem dúvida alguma me reforçava em muito não apenas o conhecimento como também a boa vontade, um acontecimento foi o grande diferencial naquele investimento em que eu estava embutido, sentindo-me às vezes completamente só.

Os dois colegas que haviam de certa forma interagido comigo, finalmente disseram os seus nomes: Meg e Michel, e chegaram mesmo a perguntar como eu estava passando.

Não era muito, contudo, fora uma vitória, e foi a moça que esboçou um pequeno sorriso, aumentando a minha alegria em ter conseguido algo mais substancioso.

Quando me reuni com o Maurício, após o que para mim era uma conquista, questionei sobre os próximos passos. Não apenas para os dois que interagiram um tanto melhor, mas incluso os outros. O que seria de todos eles?

O amigo e confidente, relatou:

– Com a nossa Meg e o Michel, ambos continuarão a receber a terapia em nossa unidade, em virtude de a recuperação estar se mostrando mais satisfatória; isto quando comparado com os demais, que por sua vez, não deixarão de ser assistidos, no entanto, nestes casos mais enclausurados em si mesmos, com uma nova experiência corpórea, via de regra, de curto ou curtíssimo prazo, para o início de suas respectivas recuperações.

Neste particular, avaliei o que eu promovera para mim mesmo com o uso frequente de um entorpecente tão poderoso e viciante como a cocaína e, por uma razão de natureza genética mais fortalecida e ainda o acidente que me retirara do corpo em definitivo, não houvera tempo para a minha inserção em estado tão rigoroso como os meus colegas de infortúnio.

Naquele instante de pausa entre nós, agradeci a Deus pela benção da manutenção da consciência, mesmo à custa de vivências tão desagradáveis nas quais eu me envolvera pelo desprezo à vida.

O meu interlocutor, com certeza sabendo o que se passava em meu íntimo pelo óbvio das possíveis comparações, alterou o assunto, perguntando:

– Diga-me, Kiko, como você está se sentindo em relação à mudança?

– O tratamento fluidoterápico que venho recebendo fortaleceu-me razoavelmente e posso afirmar que estou pronto, apesar que em certos momentos, passa-me algum ponto de insegurança.

– Natural que seja assim, mas para vencê-la de todo, somente enfrentando a alteração, que neste caso, não é assim tão drástica, mas extremamente útil, porque são nesses exercícios de menor monta que nos preparamos gradativamente para os desafios de uma nova reencarnação.

– Se estou compreendendo bem, ela será em breve.

Ele sorriu e completou:

– Não antes da prestação de serviço ao semelhante e da aplicação nos estudos que serão oferecidos a você em sua nova instalação.

Sorrindo de maneira mais marcante, acentuou:

– E você acha que tudo por aqui é gratuito? Recordemos sempre que nas Leis de Deus, somos nós os construtores do nosso destino. Todo esforço no trabalho do bem é crédito para nós mesmos.

Devolvi com bom humor:

– Sendo assim, devo estar com a minha conta num total vermelho, de tantos débitos.

– Nem tanto, meu amigo, pois não somos apenas fruto de desconhecimento na etapa atual. De uma maneira ou outra, contribuímos nas obras do Criador, por menor que seja a nossa movimentação. Portanto, mantenhamos o bom ânimo e procuremos agir no bem, e tenhamos a plena convicção que o Senhor se ocupará dos demais ítens faltantes.

CAPÍTULO 33

Algumas reflexões

As instalações oferecidas tinham o básico do conforto em condições extremamente simples, todavia, inspiradora que se tornara para mim, porque marcava um sucesso pela alta da enfermaria que eu recebera.

Quanto eu aprendera no quesito da valorização da vida, do que realmente é importante, pois habituado ao luxo estremado, experimentara em duas oportunidades próximas e sérias a miséria com aqueles que me escravizaram e, agora, a simplicidade.

Realmente avaliava que não havia uma experiência perdida, porque tudo era conhecimento para o nosso engrandecimento como Espírito, mesmo os equívocos cometidos, demonstrando como não reincidir neles.

Recordei-me no ponto valorização, o que Jesus exemplificara em relação ao viver simples, porém, mantendo a riqueza real, aquela que segundo os seus próprios ensinamentos com anotação de Mateus 6:19-21 era claríssima: *Não ajunteis tesouros na terra, onde a traça e a ferrugem tudo consomem, e onde os ladrões minam e roubam;*

mas ajuntai tesouros no céu, onde nem a traça nem a ferrugem consomem, e onde os ladrões não minam nem roubam. Porque onde estiver o vosso tesouro, aí estará também o vosso coração.

Em nada o Mestre colocava dúvidas ou menosprezava os recursos auferidos pelo esforço, mas sim ao apego, que eu mesmo provara pelo curto estágio em que estive no plano físico.

Tendo em mente o aviso do Maurício, de que nada é gratuito e as conquistas estão voltadas ao esforço próprio, porque o Senhor não privilegia a ninguém em suas Leis sábias e justas, coloquei-me com maior afinco nas atividades a mim reservadas, a terapia em grupo e as aulas, sendo que nos intervalos, que eram relativamente longos entre um episódio e outro, fui aos poucos me tornando um autodidata, tendo a companhia de outras pessoas na biblioteca da instituição, que ainda se encontravam como eu em tratamento.

Com o estudo, principalmente nos ângulos históricos, onde ela estava contada com a realidade dos fatos e não pelas distorções óbvias dos vencedores, eu confirmava o tempo que havíamos perdido tanto coletiva como individualmente em nossos quadros evolutivos, por colocarmos posições, riquezas e poder em primeiro plano, não logicamente com o interesse do progresso da sociedade, mas pela manutenção egoística do chamado bem viver, claro, só na matéria, ignorando o que somos em realidade.

Natural que bons exemplos não faltaram, como não faltam e estarão presentes cada vez mais na humanidade na exata medida em que ela progrida espiritualmente, pois a configuração de todos nós não se resume somente a uma curta passagem no planeta, por sermos seres imortais e dinâmicos.

Nas minhas conversas com o Maurício, ou mesmo com o material recebido em aula, eu percebia o quanto era básico para ele. Porém, a sua atenção se tornava cada vez mais estimulante para mim, porque o assim tratado como básico, se constituía em novo rumo para a minha vida, a qual corria célere, e logo eu era informado sobre a data da minha mudança definitiva de endereço.

CAPÍTULO 34

Importante aprendizado

Enfim, o dia da mudança chegou sob forte emoção para mim ao me despedir do Doutor Saymon, da irmã Joaquina e demais enfermeiros e voluntários do hospital, a professora Juliana e os membros do grupo de terapia, principalmente o casal de jovens que se destacara dos demais e houvera interagido de certa forma comigo.

Difícil conter as lágrimas e, para a minha alegria, o Maurício seria o meu acompanhante até a nova moradia, o que me servia de profunda sustentação no que diz respeito às dúvidas que me assaltavam quanto à minha adaptação no novo endereço.

Parti em veículo similar a um pequeno ônibus, desprovido das rodas naturais por ser ele de movimentação eletromagnética, segundo rápidas informações fornecidas pelo próprio motorista, o Manoel, que nos conduziu com agilidade, sendo que as janelas estavam encobertas por uma fina película, não oferecendo visão externa do ambiente, que era de fato desolador.

Somente ao adentrarmos a cidade a obscuridade foi gradativamente sendo retirada ao passarmos por um amplo portão, fazendo-me recordar das ruínas de algumas fortificações de povoamentos europeus, que foram por sua vez, as defesas compostas de muralhas e demais construções.

O esclarecimento não demorou por parte do meu acompanhante, que disse estarmos em região próxima à instituição que me abrigara e ser ela, infelizmente, ampla e, a cidade que agora ingressávamos estar também cercada de zonas onde a ignorância campeava à solta, solicitando sempre a assistência adequada de todos aqueles que se voluntariassem ao trabalho no bem do próximo.

Finalmente estacionamos à frente de uma casa singela, com jardim não muito extenso, no entanto, cuidadosamente arranjado em flores e demais ornamentos naturais, tendo um casal de meia idade nos aguardando à porta.

Ao desembarcarmos, vieram saudar-nos amorosamente, dizendo tratar-se do Gerson e da Matilde, podendo ser constatado por mim que o Maurício e o motorista eram velhos conhecidos.

Abraçaram-me como se eu fora um filho muito querido que retornava de longa jornada, deixando-me completamente à vontade e convidando-nos a entrar, levando-me até o aposento que estava preparado para mim.

O ambiente simples e aconchegante, provido de cama e escrivaninha, era mais do que suficiente para os meus pertences, que se constituíam em três mudas de roupa e alguns livros de estudo, cedidos pela professora Juliana quando das minhas despedidas.

Emocionei-me mais uma vez, sendo devidamente respeitado pelos moradores, por vir em minha lembrança todo o luxo que eu sequer tivera condição de desfrutar corretamente, valorizando o que me fora oferecido, no sentido de alcançar melhores resultados evolutivos, sem deixar-me contaminar pelo material, pelas posses.

Naquele exato instante, eu compreendia o que me fora reservado, pelo menos naquele particular quando da minha programação reencarnatória, sendo esse item especificamente o trabalho do desapego, em que eu, perdendo a oportunidade como um todo, também me comprometera diante da vida.

A Matilde, que fez questão em não ser chamada de senhora, por uma sensibilidade apurada, consolou-me com as energias de um coração materno, compreendendo alguns choques naturais em mim e reforçando a condição do recomeço, agora com outra visão a respeito de mim mesmo.

Delicado também foi o momento em que, depois das rápidas acomodações, a despedida do Manoel e principalmente do Maurício, pois naquele momento eu entendia em profundidade o valor da amizade e o quanto fora feito por mim de forma generosa e interessada no meu crescimento.

Apesar de ser avisado que eu não iria perder o contato, a separação nunca é tão simples de administrar, principalmente dos corações que aprendemos a respeitar e, acima de tudo, nos estimularam ao exercício, mesmo básico, do amor.

Palavras incentivadoras não faltaram para os meus novos e importantes desafios, e uma lição se repetia sem que a princípio eu suspeitasse: que os laços de amizade são para sempre, conforme nos ensinou o Mestre, e que devemos amar sem nos apegar. Naquele exato instante, veio-me à memória uma das passagens de Jesus, registrada por João 15:12-15, que fora debatida em aula ministrada pela professora: *O meu mandamento é este: Que vos ameis uns aos outros, assim como eu vos amei. Ninguém tem maior amor do que este, de dar alguém a sua vida pelos seus amigos. Vós sois meus amigos, se fizerdes o que eu vos mando. Já não vos chamo servos, porque o servo não sabe o que faz o seu senhor; mas chamei-vos amigos, porque tudo quanto ouvi de meu Pai vos dei a conhecer.*

CAPÍTULO 35

Verdadeiros irmãos

O casal, procurando deixar-me à vontade, questionou-me a respeito de um provável descanso, que pela gentileza que estavam me atendendo, procurei não isolar-me do convívio inicial.

A Matilde adiantou-se sugerindo então um breve passeio pela cidade, em virtude da residência estar localizada próxima de um dos seus portões.

Atendi o convite de imediato, e na companhia do nobre casal, saímos para uma caminhada.

O cuidado na vizinhança era tal qual a minha nova moradia em relação aos jardins, sendo que a rua e logo depois as demais que cruzávamos, eram arborizadas e ornamentadas com canteiros centrais com flores multicoloridas preenchendo o ar de um perfume sutil.

Algumas crianças brincavam à frente de suas casas e poucos transeuntes que surgiam nos cumprimentavam como se fossemos amigos de há muito tempo.

Logo alcançávamos uma grande praça, também de uma beleza em sua vegetação que nos estimulava a gratidão ao Criador, com pássaros multicores embelezando com as suas cantorias, possuindo uma igreja portentosa localizada no seu centro, muito ao estilo de uma pequena cidade do interior do estado onde eu residira quando encarnado no planeta.

Como eu me encontrava reparando por demais nos detalhes do belo santuário, o Gerson comentou:

– Como você pode notar, a simples mudança dimensional não nos confere alterações de vulto. São respeitados os valores, principalmente aqueles voltados à crença de cada um. Vivemos em uma cidade onde você encontrará, em menor dimensão quando comparadas a outras maiores, agremiações variadas.

– Instituições espíritas também?

– Sim, uma que nos atende na cidade "Luz".

– Esse é o seu nome, Gerson?

– Um tanto semelhante a uma das grandes metrópoles do planeta, contudo, pela lumines-cência produzida pela vegetação e flores, aliás, não incomum em outras cidades, que por vezes exercem um espetáculo de maior grandeza, pela sutileza não apenas do reino vegetal, mas acima de tudo, por conta da manutenção vibratória superior dos seus moradores, criaturas estas com maior nível evolutivo e relativamente distanciados nas questões dimensionais.

– Dimensional?

Foi desta vez a Matilde que se adiantou esclarecendo:

– Sim, meu querido, Espíritos estes que se esforçaram um bocadinho mais e construíram o mérito de experimentarem o plano acima do nosso, fora dos círculos de menor expressão de bondade. Por isso mesmo o convite de Jesus, sempre oportuno em todas as épocas da humanidade em João 13:35: *Nisto todos conhecerão que sois meus discípulos, se vos amardes uns aos outros.*

Não conseguindo manter por mais tempo a curiosidade ao meu próprio respeito, aproveitei o aparte da Matilde para alterar o assunto, utilizando-me do ensinamento do Mestre:

– Dentro deste verdadeiro chamamento do amarmo-nos uns aos outros, desculpe a ansiedade na questão, mas, nós tivemos alguma relação em passado recente?

Ambos sorriram amistosamente e a Matilde deu seguimento:

– Recente não, um tanto distante em família, pois fomos seus tataravós. Contudo, vale lembrar que a escala não possui importância fundamental e sim de relação, por não ser incomum possuirmos pessoas amigas que fazem parte de nossa comunidade, como se fossem parentes próximos.

"O conceito de família vai ao infinito, se posso me expressar assim, por conta da nossa filiação. Um dia essas separações não existirão, quando exercitarmos o segundo maior mandamento. Concorda?"

– Sim, claro, Matilde. E gostaria de agradecer por receberem-me em seu lar, rogando a Jesus que os abençoe por esse gesto de amor.

O casal se aproximou e ambos me abraçaram como se eu fosse um filho querido dos seus corações, sendo que desta vez o Gerson completou:

– A gratidão será sempre nossa ao Criador, que nos une nos laços superiores da Sua misericórdia. Sejamos entre nós não parentes distantes e sim verdadeiros irmãos.

CAPÍTULO 36

Convite para o trabalho

Continuamos o nosso agradável passeio e, em determinado instante, quando nos encontrávamos diante de um edifício de três andares, o Gerson questionou:

– Você gostaria de conhecer nosso local de atividades? Talvez desperte o seu interesse para ingressar nesta área.

– Natural que sim, Gerson. Aprendi já faz algum tempo que nada vem até nós sem esforço e aplicação constante.

Eles sorriram e entramos no ambiente que respirava trabalho, com pessoas que se movimentavam no amplo espaço da entrada, onde uma recepção estava instalada, sem muita diferença daquelas que eu conhecera na Terra.

Até neste particular, os ítens mais básicos não divergiam, a não ser por determinados equipamentos, que se mostravam mais modernos pela minha ótica ou mesmo pouco conhecimento.

Um ponto se destacava fortemente: as alterações de uma dimensão para a outra, do planeta para a assim tratada como espiritual, não poderiam de fato se diferenciar enormemente, isso para que não fossemos agredidos em nossos valores, costumes e mesmo limitações sobre aspectos que não conseguiríamos entender caso fossemos colocados diante de estruturas completamente desconhecidas.

A Matilde se aproximou do balcão e pediu um pequeno cartão que me identificava ou permitia a minha entrada. Assim, avançamos mais para o interior, sendo informado pelo Gerson que nos dirigíamos para o local onde ocorriam as atividades do casal.

O ambiente espaçoso, era preenchido por mesas, cujas separações se davam por um tipo de biombo, garantindo a privacidade das pessoas atendidas, como numa repartição no planeta, cujo movimento àquela hora era intenso.

A Matilde adiantou-se nas informações:

– Nesta unidade, nós realizamos as nossas tarefas seis vezes na semana, garantindo-nos um dia de descanso, que podemos tirá-lo de acordo com os nossos respectivos plantões e em dias que podem ser alternados. Hoje, por exemplo, porque te aguardávamos, solicitamos essa folga.

"Aqui, o serviço não para, porque são encaminhados irmãos nossos recém desencarnados ou provindos de instituições de socorro que necessitem ainda de determinadas terapias, contudo, não tão avançadas no quesito de internações.

"Esta unidade possui um razoável número de voluntários, mas, por operar sete dias por semana, durante vinte e quatro horas, você pode imaginar que sempre necessitamos de novos colaboradores. Está aí uma das oportunidades de serviço, caso você esteja interessado."

– Estarei apto, Matilde?

– Natural que sim, pois precisamos ouvir os assistidos, registrar nessas pequenas telas que você vê à frente dos atendentes as informações básicas e os especialistas farão o encaminhamento adequado para locais de moradia, trabalho, tratamento etc.

– A atividade se consiste em mero registro, então?

– Nem tanto, Kiko. Respondeu o Gerson.

"Mais importante que as anotações, é ouvi-los com tranquilidade. Você poderá conferir com o passar dos dias que a terapia, encaminhamento ou o que a pessoa mais necessite, começa aqui."

– Bem, Gerson, quando posso iniciar?

– Excelente a sua posição. Inicialmente, um curso preparatório irá colocá-lo a par dos detalhes mais importantes, para que você possa agir com segurança.

"Venha, vou apresentá-lo a responsável do setor."

CAPÍTULO 37

Advertências

Avançamos para uma pequena, porém, aconchegante sala, onde uma jovem, aparentando muito provavelmente a minha idade, nos recebeu solícita, deixando-nos completamente à vontade.

Interessante foi notar que não havia uma mesa de trabalho e sim algumas poltronas instaladas pelo local, deixando o ambiente ainda mais descontraído, típico de uma sala de estar.

As apresentações foram feitas pela Matilde e, a jovem, de nome Rafaela, deixou-nos completamente à vontade, sendo informado pelo Gerson na sequência, ser exatamente ela a responsável pelas atividades exercidas naquela instituição, possuindo outros auxiliares que dividiam as tarefas da coordenação, pela extensão dos trabalhos assistenciais realizados.

A obviedade dos meus pensamentos, muito provavelmente foram captados pela linda coordenadora à nossa frente, pois em determinado instante, ela olhou-me nos olhos e sorriu.

Na minha mente, com a inexperiência natural, passou-me a condição da juventude e o tamanho das incumbências, além é claro, da sua beleza e maneira encantadora de se expressar nas boas-vindas.

A Matilde adiantou-se informando em rápidas palavras o meu pobre currículo, contudo, suficiente para que a coordenadora perguntasse diretamente para mim:

– Você está disposto a ingressar em nossas fileiras?

Achei a indagação desnecessária, porque se eu me encontrava ali, era um tanto lógico que houvesse total interesse. Mas, para não complicar de imediato, respondi rapidamente:

– Sem dúvida alguma.

Ela olhou-me com mais vagar e completou:

– Faço a pergunta com característica explícita, uma vez que contamos com a participação dos voluntários por sermos uma unidade 24/7. Assim sendo, as ausências não informadas por antecipação e caso elas ocorram, desde que justificadas, nos trarão a possibilidade de acionarmos as pessoas que possam inclusive estar em dia de descanso para fazer a devida substituição.

"Portanto, como você já deve ter sido informado quando convidado à prestação de serviço em unidade que o recebeu, o voluntariado possui importância e responsabilidade maior do que qualquer outra atividade que gere compensação em nossa cidade, pois somos voluntários por opção e não por imposição. Está claro para você?"

Achei o discurso inicial um tanto áspero por parte da Rafaela, e também desnecessário na minha opinião, por se tratar de um posicionamento mais do que normal para quem tivesse interesse de ingressar naquele tipo de trabalho. Todavia, não me cabia outro recurso senão responder afirmativamente:

– Claríssimo, dona Rafaela.

– Excelente! Aliás, somente Rafaela está bem? Aqui dispensamos as formalidades. Em continuação, você está convidado a participar de uma semana de treinamento para o atendimento inicial dos irmãos e irmãs designados para essa unidade. Começaremos amanhã mesmo, neste edifício em sala a ser indicada. Estaremos aguardando pela sua presença.

O Gerson aproveitou o momento para agradecer e, levantando-se, sinalizou a nossa despedida, que foi feita com cordialidade.

Ao sairmos, olhei para o nobre casal e comentei:

– Acho que me dei mal logo de largada com a coordenadora.

Eles sorriram e foi o Gerson que procurou esclarecer:

– Estamos por vezes acostumados a achar e, isso não passa de suposição, que Espíritos mais esclarecidos sejam criaturas que se derretam diante das pessoas, comprometendo as suas responsabilidades. Como você mesmo pode notar, muitos deles são diretos e objetivos, para que não fiquem margens para dúvidas pairando no ar. Esse é o estilo da nossa Rafaela, que possui uma equipe enorme para o gerenciamento e precisa do nosso total comprometimento com o trabalho a ser feito.

– Entendo, Gerson, mas precisava ser de uma forma tão direta, principalmente tratando-se de uma jovem?

– A questão da aparência sempre nos engana, não, Kiko? Assim ela se apresenta, por ser uma das suas reencarnações onde foram atribuídas tarefas provacionais delicadas por assumir publicamente ser uma seguidora do Cristo em época de grande perseguição em Roma, sendo ela uma das tantas vítimas das feras no Circo.

"Um detalhe vale salientar, que a sua maneira de se expressar, está vinculada às inseguranças demonstradas pelo candidato/a ao serviço ofertado."

Ruborizei na hora, porque em algum momento, me veio à mente uma participação mais terapêutica para mim do que a prestação de serviço, por ter experimentado apenas e tão somente um período limitado junto com o Maurício. Naquela instituição, não havia tempo para desculpismos diante do volume de pessoas a serem atendidas. No fim, o aviso era extremamente precioso para um sujeito como eu, que poderia em determinado instante querer levar de novo uma boa vida, coisa que ainda se encontrava enraizada em mim, mesmo depois de ter passado por tantos desafios e severas dificuldades, demonstrando, pelo menos no meu caso, que as mudanças não se operam do dia para a noite.

CAPÍTULO 38

Tudo a seu tempo

Nos dirigimos de retorno ao lar e passamos a tarde conversando sobre os aspectos do trabalho, onde me pareceu que uma das aulas já havia começado pelo tipo das informações fornecidas pelo casal que me abrigara e se mostrava esperançoso em relação ao meu sucesso.

A noite caiu rápido e fui mais uma vez convidado a dar um passeio pelas redondezas daquele que seria agora o meu novo lar.

Tão logo saímos para o jardim, a surpresa se fez como um verdadeiro presente da natureza, trabalhada ainda pelo bom gosto dos moradores.

A vegetação de uma maneira geral refletia sutilmente a luz da Lua e, com maior intensidade, a iluminação artificial, explorada com alguns pequenos projetores, que aumentavam em muito o espetáculo para os olhos.

De um relance, notei que era a tônica nas outras casas, realçando a beleza daquela natureza diferenciada.

Olhei para o Gerson interrogativamente e fui atendido com as suas explicações:

– Como você já deve ter sido informado, as dimensões próximas ao planeta não poderiam sofrer grandes alterações, por não possuirmos em nosso grau evolutivo referências outras que não se assemelhassem com as existentes no planeta.

"Em realidade, não é a Terra que se reflete por aqui e sim ao contrário. No entanto, dada a densidade existente no plano tratado como físico, determinadas nuances ficam evidentemente a desejar quando comparadas com o que vivenciamos no ambiente onde nos encontramos estagiando no momento."

– Significa dizer que existem ainda dimensões que se diferenciam em muito quando comparadas a essa?

– Não tenha disso a menor dúvida, mas, para atingi-las, necessitamos do conhecimento que se aplica gradativamente, para que possamos registrá-las. Logo, haverá uma ampliação da nossa própria capacidade visual, respeitando como acabo de informar, do aprendizado relativo ao que vamos experimentar.

"Uma comparação a título de ilustração, seria o mesmo que fizéssemos um personagem de alguns séculos atrás ser transportado para a atualidade do próprio planeta.

"Muito do que existe, sequer seria registrado, por faltar-lhe as bases mínimas no seu cérebro.

"Exatamente por isso, que as revelações a respeito da continuidade da existência e a lógica da manutenção do que a rigor valorizamos deu-se a partir da capacidade de aceitação de parte das criaturas reencarnadas.

"Aos poucos, as pessoas estão se conscientizando que os desencarnados não são como se supunha, demônios, sombras que vagam, fantasmas ou outras classificações até mesmo desrespeitosas, causando receio nos seus próprios familiares, quando da tentativa de comunicação.

"Exatamente por isso, que a nossa natureza não pode se elevar aos saltos, desconsiderando o que construímos até hoje, lembrando sempre, que o Senhor quer o nosso bem, respeitando-nos o momento de mudança, quando assim estivermos preparados para ela.

"A título de exemplo, não encontramos atualmente irmãos e irmãs nossos que classificam como fantasiosa a chegada do ser humano na Lua, essa mesma que nos ilumina, considerando neste caso a condição dimensional?

"Gradativamente, iremos nos habituando com essa realidade da vida e, em futuro não muito distante, poderemos manter as relações ampliadas."

– Relações ampliadas, Gerson?

– Sim, não são conquistas atuais o contato com outros continentes? Por que seriam limitados quando tratamos de outras dimensões? Isso será uma questão de tempo, necessário para assimilarmos estas possibilidades e aproveitarmos todos nós para nos engrandecer na riqueza dos relacionamentos, que não se extinguem e sim se ampliam e fortalecem.

O interessante diálogo precisou ser interrompido por conta de um dos vizinhos que, ao ver-nos, veio saldar-nos, principalmente a mim, dando-me as boas-vindas por saber através do meu anfitrião a respeito da minha chegada.

CAPÍTULO 39

Exercitar a própria essência

O senhor Brito, um sujeito com ares de bonachão, vizinho de frente do meu anfitrião, tendo um instante de recordação pessoal, disse:

– Kiko, você me lembra da minha chegada à cidade Luz, pois eu não possuía mais do que a sua idade.

Olhei-o com surpresa com essa declaração, pois ele aparentava ter alcançado a casa dos seus sessenta anos. Nitidamente fui percebido pela impossibilidade de disfarçar a minha manifestação facial.

Com extremada tranquilidade ele explicou:

– O tempo passa por aqui também, meu jovem. Não exatamente nos moldes do planeta quando nos encontramos reencarnados, mas a realidade se manifesta pela nossa própria condição evolutiva, o que não poderia ser de outra forma, para que a nossa natureza não ficasse à mercê da agressão.

"Foi por aqui que pude reencontrar a minha querida Adelaide, companheira de muitos séculos, que por minha total imprevidência, fiquei por um bom tempo separado, envolvido que me encontrava na completa ausência da vigilância quanto às questões voltadas ao egoísmo e ganância."

– Pelo o que o senhor está relatando, é possível construir uma vida muito semelhante àquela que conhecemos no planeta?

Ele sorriu e completou:

– Não imitando o que ocorre por lá e sim da originalidade para a cópia, até porque, a vida na Terra é que reflete as dimensões que a circundam.

Meu questionamento se ampliou com a colocação do novo amigo:

– As guerras e tantas outras infelicidades, então, senhor Brito?

– Apenas, Brito, meu caro. As referências que você aponta, nascem primeiro no assim chamado mundo das ideias, para ser mais simplificado, nas mentes que se envolvem com interesses ainda sombrios em relação aos seus semelhantes, oriundos eles de um longo tempo de conquistas, pela limitação própria do exercício do amor; contudo, após a passagem de Jesus pelo planeta e os reflexos naturais em todas as suas dimensões, gradativamente vai alterando esse panorama desrespeitoso entre nós.

– Mas é tão demorado, não?

– É o que nos parece, Kiko. Exatamente porque nossas medidas estão relacionadas à nossa compreensão ainda necessitada de maior ampliação, o que ocorrerá com a evolução, que parece ser extremamente lenta, mas que avança de acordo a não nos ferir, porém, em ritmo sempre constante.

"Se formos avaliar adequadamente, pela limitação que possuímos nos aspectos recordatórios das nossas próprias existências, tanto no plano físico como no espiritual, é o ponto que reforça a questão do tempo, dando-nos a impressão de estarmos aguardando por um ambiente de paz, há muitos séculos, ou melhor, milênios.

"No entanto, o que são dez ou vinte séculos para um Espírito imortal? Em matéria de sentimentos e sua melhoria, sua sutileza, temos pouco mais de dois mil anos de ensinamentos ministrados pelo Nosso Mestre, que trouxe-nos a pureza de como eles poderão ser praticados exercendo a melhoria ao nosso redor e favorecendo com as nossas atitudes mentais e materializadas em nossas ações, os nossos semelhantes.

"Quando avaliamos esse período, saímos de um gostar para começar realmente a amar, por mais que ainda possa se mostrar embrionário em nós. Logo, isso precisa ser valorizado, por tratar-se de conquista de todos aqueles que se esforçam.

"Em nossa proposta de serviço que o Senhor nos oferta, seja ele da forma em que ele se apresente, em qualquer plano de ação, não se constituem em oportunidades de exercício da nossa própria essência de herdeiros do Criador que somos?"

– Sim, Brito, você tem razão. Gostaria de agradecê-lo por essas reflexões.

– Ora, meu jovem, no fundo sou eu que me sinto agradecido, por poder partilhar de algo que venho estudando há um bom tempo: a minha própria vida.

Sorrimos todos nós e ele se despediu, convidando-me a visitá-los em breve tempo, dizendo em tom bem-humorado que, para isso, bastaria me esforçar apenas a atravessar a rua.

CAPÍTULO 40

Desastroso atendimento

Para os meus anfitriões, a normalidade de suas atividades retornou no dia seguinte e, de minha parte, iniciei o curso preparatório para o atendimento aos recém ingressos nas unidades da cidade.

Interessante foi constatar que as duas professoras que atuaram em conjunto na turma em que eu ingressei, destacavam o valor da paciência com aqueles que iríamos assistir, pela necessidade em que muitos deles se encontravam ao chegarem nos postos de atendimento e encaminhamento.

Reforçavam em vários instantes essa advertência, sendo ela o alvo da caridade aplicada, pois nem sempre encontraríamos pessoas bem-dispostas, o que eu, a princípio, achei que seria o óbvio, pelo simples fato de muitos sequer entenderem, como ocorrera comigo mesmo o processo do desencarne e a continuidade da vida sem grandes sobressaltos.

Uma semana passou voando e logo ingressávamos nas unidades de serviço, sendo que a minha turma, por possuir dez voluntários, terminamos por ser escalados em diferentes horários de atendimento, cabendo para mim as oito horas de serviço, com início ao meio-dia.

A carga horária seria por demais conveniente para que eu pudesse me aprimorar em outros cursos oferecidos, podendo inclusive retornar aos estudos regulares, tão logo eu estivesse devidamente integrado na coletividade.

A escolarização naquele ambiente classificado como espiritual para os residentes no planeta, não possuía unidades educacionais com as mesmas características daquelas em que eu me habituara, classificando-as como verdadeiras obrigações a serem cumpridas e, diga-se de passagem, negligenciadas por mim. Pelo contrário, para ingressar em uma delas, era necessário fazer por merecer, não só pelo interesse no crescimento como um todo, mas acima de tudo, pelos serviços prestados para a coletividade, constituindo-se eles como forma de pagamento.

Era uma visão completamente diferente de encarar o ensino, o que para mim, parecia-me uma verdadeira revolução e com absoluta certeza, terminaria por influenciar com o tempo a mentalidade de jovens como eu, que pensavam apenas em cumprir currículo.

Surpreendia-me em determinados instantes, vendo como eu mudara e agora agradecia o que houvera passado no curto período de existência no planeta e o desenrolar na dimensão atual, buscando não me acusar apenas, desperdiçando com esse ato as oportunidades de crescimento, porque o simples lamentar-se leva-nos ao dispêndio de energias e a paralização no tempo que é sagrado.

Enfim, o meu primeiro dia chegara e estagiei ao lado de uma jovem muito experiente no atendimento, os quais ocorreram sem muita surpresa, porque todas as pessoas encaminhadas se portavam de maneira muito simples e disciplinada, com os devidos encaminhamentos, dando-me a sensação de se tratar de um grande laboratório, onde fazíamos os primeiros registros, porque a continuidade estava a cargo de especialistas.

Tínhamos cinco andares no edifício de dez, que se prestava para esse fim, sendo que fui deslocado no segundo dia para um deles e, no horário convencionado, conforme orientação do coordenador daquele piso, de nome Jake, substituí uma senhora que não apenas me recebeu com muita atenção e gentileza, como também desejou-me um lindo dia de trabalho.

O aparato que tínhamos à mão para as anotações substituía papéis, o que para mim era um avanço gigantesco, pois jamais pudera supor ter um instrumento que poderia ser utilizado como um caderno de notas em uma tela diminuta e o qual eu aprendera a usar durante o curso.*

Sentei-me na instalação relativamente reservada e aguardei o próximo assistido, que se postou diante de mim, um senhor apresentando um certo grau de irritabilidade, porque olhou-me secamente e, sem que eu sequer lhe perguntasse o nome, disse:

– Vocês deveriam ser mais bem organizados e possuírem atendimento exclusivo, para que pudessem ser separadas pessoas de melhor nível ou condição, evitando essa mistura desagradável.

---

* Nota da Editora: O autor espiritual narra seu período de experiências muito distante da tecnologia que detemos atualmente no planeta, não sendo dado maiores detalhes do equipamento utilizado.

Como o meu estágio não contemplara nada semelhante, fiquei a princípio sem ação com as colocações que me eram feitas. Procurei respirar calma e profundamente, buscando o autocontrole, e respondi:

– Desculpe-nos se não possuímos melhores instalações para atendê-lo, mas uma das regras é que nos coloquemos todos nós, sem exceção, num mesmo patamar.

Eu não calculara o quanto houvera sido infeliz com essa resposta, porque o homem se levantou e, num gesto rápido, agarrou o aparelho que estava em minhas mãos e, num ato de fúria, lançou-o para longe, gritando:

– Seu moleque atrevido, como ousa falar comigo dessa maneira, sendo eu uma autoridade, um juiz...

Sem que eu pudesse fazer coisa alguma, senão desculpar-me, dois enfermeiros surgiram rapidamente interferindo na situação, retirando o senhor do local, que esbravejava, tendo os olhos parecendo que iriam saltar fora das órbitas.

Muito rapidamente, o coordenador dos trabalhos colocou tudo no seu devido lugar e, com muito cuidado, chamou-me em particular, instalando-me em uma pequena sala reservada, solicitando que o aguardasse por instantes, orientando-me a relaxar e aproveitar a música ambiente que transmitia profunda calma para o local.

Acostumado às condições da Terra, logo me imaginei sendo severamente admoestado no primeiro dia de serviço pelo desastre ocasionado.

CAPÍTULO 41

Emocionante
depoimento

Minutos se passaram, apesar de senti-los como se fossem horas, até que o Jake retornou, acomodando-se em uma cadeira próxima à minha, indagando em seguida:

– Está um pouco mais calmo?

– Honestamente, não, pela promoção lamentável no meu primeiro atendimento.

– Kiko, não atribua à sua pessoa o desequilíbrio do nosso irmão, que além de não perceber que se encontra desencarnado, ainda se julga possuidor de títulos e posição social.

"Temos inúmeros necessitados, e estes que nos são reservados ao atendimento, estão em muito melhores condições, porque os casos mais relevantes são direcionados às unidades emergenciais.

"Contudo, não é incomum, não generalizando obviamente, sentirmo-nos responsáveis pela atitude agressiva de outra pessoa quando estamos fazendo uso da nossa palavra ou tomando uma ação correta, onde o interlocutor não concorde até mesmo com aspectos os mais coerentes possíveis dirigidos em seu próprio favor, porque no estado em que se encontram, variadas vezes, estão em procedimento doentio acentuado, sendo um deles a autofascinação, como pode ser notado por você no recente episódio.

"Aliás, esta sala e algumas outras espalhadas por todo o nosso complexo, serve exatamente para isso e poderá ser utilizada quantas vezes for necessário para a literal descompressão, principalmente à frente de casos delicados, bem mais angustiosos do que esse que você praticamente acaba de participar.

"Portanto, relaxe e quando se sentir bem novamente, volte ao trabalho, com a consciência tranquila de ter promovido o melhor."

Procurei respirar profunda e calmamente, agradecendo as palavras encorajadoras do coordenador, que saiu dando-me um leve tapinha no ombro, como a estimular-me ao retorno.

Alguns minutos depois, eu me posicionava na minha estação, sendo que ao meu redor, os demais colegas agiam de forma tão natural, como se nada houvesse ocorrido e, por certo, aqueles acontecimentos não deveriam ser tão inabitual assim.

Logo uma senhora era encaminhada por um dos responsáveis do amplo salão, colocando-se à minha frente.

Mostrava-se uma pessoa simples e ficou em pé, cabendo-me a boa educação de levantar-me e apontar a poltrona para que ela se acomodasse.

Trazia um lenço amarrotado em suas mãos, e tão logo eu iniciei as anotações do seu nome, ela, com profunda emoção, passou a narrar o drama que a consumia.

Não possuía muita idade, apesar de aparentar ser uma idosa, pelo sofrimento que experenciara em sua existência, por ser mãe de quatro filhos, todos eles com enfermidades mentais graves, residentes em um pequeno cômodo em uma das várias favelas do país, viúva por acidente de seu marido na construção civil, cuja pensão era diminuta, levando-a a prestar o serviço de faxina em casas e apartamentos em bairros próximos ou distantes.

Uma de suas amigas se responsabilizava no cuidado de seus filhos, que foram desencarnando com diferença de poucos anos um do outro, até que ela mesma veio a falecer, não sabendo evidentemente o que se sucedera, pois acreditava achar-se em hospital para atendimento das fortes dores que sentia no tórax.

À medida do seu relato, grossas lágrimas iam sendo derramadas, apresentando as lutas travadas na vida, não me importando saber o porquê das consequências que levaram tão nobre Espírito aquele tipo de provação.

Vieram à minha mente as diferenças entre uma existência de luta pelo mínimo, enquanto eu mesmo negligenciara uma vida de oportunidades. Em questão de minutos, eu dividia com ela as pesadas lágrimas, entendendo o significado de uma das lições do apóstolo dos gentios naquele instante: *Alegrai-vos com os que se alegram; e chorai com os que choram.* *

---

*   Nota da Editora: Romanos 12:15

Minha postura, sem que nada houvesse que não fosse completamente natural, terminou por colocarmo-nos em pé e abraçarmo-nos, cabendo a mim, informá-la que ela seria imediatamente atendida, o que lhe causou surpresa, uma vez que segundo as suas palavras, tais assistências costumavam ser extremamente demoradas nos locais onde ela procurara socorro médico.

Ainda sob forte emoção, disse que estávamos naquela unidade nos esforçando para que as pessoas não mais tivessem que aguardar tanto tempo assim.

Apesar de ser algo natural para mim, mesmo quando no planeta ter um atendimento exclusivo, aquela atitude simples da minha parte transmitia profundo respeito para aquele ser querido, que emocionou-se em apenas ser bem tratada.

Quando ela se retirou, um dos colegas que se encontrava mais próximo, apertou-me rapidamente a minha destra, sem dizer uma única palavra, demonstrando todo o apoio de que eu necessitava. O segundo episódio, simples a começar daquele coração lutador, compensara e afastara para longe qualquer sentimento contrário ao paciente que houvera sido tão agressivo.

CAPÍTULO 42

Lágrimas
abundantes

Uma terceira assistida por mim, iria também movimentar extremamente os meus sentimentos de compaixão.

Jovem, sabendo-se desencarnada por enfermidade longa, estivera internada em um dos hospitais de uma das grandes capitais do nosso país.

Noiva à época quando do início de seu tratamento, apesar de todos os recursos de sua família, não lhe faltando o carinho e o acompanhamento de seus pais, parentes e amigos, ressentia-se tremendamente com uma grande mágoa, impossível segundo ela de rever com equilíbrio esse estado de amargura, sendo ele o agravante de sua doença.

O noivo, muito amado, depois de constatar que o seu quadro se agravava a cada dia, foi se afastando gradativamente, a ponto de aparecer para visitas esporádicas, até que em uma das conversas mais reservadas entre os dois, comunicá-la que se distanciaria em definitivo.

Ela compreendeu, porque a sua situação em relação a qualquer possibilidade de recuperação era mínima; no entanto, o ponto problemático estava em saber através de uma "amiga" que, de fato, aquele que poderia ter sido seu futuro marido, já desenvolvia há longo tempo um relacionamento com uma moça, que inclusive fazia parte do seu círculo de colegas da universidade onde atendiam a curso de pós-graduação.

Tudo dito com sentidas lágrimas, acompanhadas por mim, talvez em certo grau excessivo, pois a medida de sua narrativa sentia-me ligado a ela, como se vivenciasse a história de um amor traído, chegando de minha parte a sentir uma ponta de revolta, primeiro pela falta de tato da sua confidente em trazer-lhe a informação da defecção de seu noivo, e segundo o próprio papel dele na história toda.

Fiz os rápidos registros debaixo de fortes emoções, chegando mesmo a verificar que as minhas mãos tremiam ao usar o pequeno aparelho e, ao despedir-me da jovem, fiz questão de abraçá-la, tratando-a como minha irmã.

Desta vez, diferentemente da ocorrência do segundo atendimento, o meu colega, aquele que carinhosamente me suportara com gestos simples, mas importantes, virou-se para mim e recomendou:

– Para a sua melhor recuperação, sugiro que você se dirija a uma das salas de descompressão. Isso irá lhe fazer profundo bem.

Olhei para a quantidade de pessoas que ainda necessitariam ser atendidas, contudo, ele percebendo a minha postura, completou:

– Não se preocupe, daremos conta do trabalho e ademais, em breve você retornará às atividades. Fique tranquilo.

Achei por bem atendê-lo e me dirigi para uma das saletas, onde em questão de minutos a música ambiente e um movimento sutil de um pequeno aparelho que circulava água, produzindo um som característico de uma fonte, recuperou-me consideravelmente.

CAPÍTULO 43

Exemplo de Jesus

Estava me predispondo a retornar para o meu posto, quando o Jake bateu suavemente à porta, anunciando a sua entrada.

Sentou-se em uma poltrona próxima à minha e perguntou:

– Está tudo bem contigo?

– Sinceramente, Jake e, apesar do curso preparatório em que estive envolvido, tenho dúvidas na minha resposta, porque não posso afirmar que eu me encontre adequado para a tarefa que me propus.

– Existe um motivo especial para sentir-se assim, Kiko?

– Excluindo o primeiro atendimento, onde o assistido demonstrava irritabilidade exacerbada, nos outros dois casos, senti-me tão envolvido nas explanações, a ponto de me posicionar mentalmente na última delas e sentir uma certa revolta pelo que ocorreu com a jovem à minha frente.

"Talvez fosse uma relação próxima à minha faixa etária, não sei bem explicar, mas o nível de envolvimento foi tal, que o meu colega chegou a indicar-me o retorno a esta sala."

– Compreendo o que você está narrando e é natural que estejamos em posição bastante delicada quando atendemos as pessoas, apesar de termos sido preparados para a tarefa.

"No seu caso, a sua sensibilidade está realmente mais acentuada, exigindo que ela seja um tanto melhor trabalhada através da fluidoterapia magnética, o que não irá comprometê-la, e sim equilibrá-la.

"Não estamos isentos dos sentimentos quando do atendimento, mas necessitamos nos colocar na posição similar ao médico e ao paciente, porque caso contrário, nos envolveremos com as enfermidades de uns e necessidades de outros."

– Entendo, mas durante o meu curso, foi também ministrada a fluidoterapia...

– Sim, faz parte realmente, todavia, meu amigo, as questões práticas podem e fazem diferenças significativas.

– E agora, Jake?

– Não se preocupe, porque durante o tratamento em que você será submetido, deslocaremos os seus esforços para o salão, procedendo o encaminhamento das pessoas até as mesas dos atendentes.

Sem que eu me manifestasse diretamente, mas muito provável que a minha expressão houvesse dado o recado, ele continuou procurando me tranquilizar:

– Esta pequena mudança não afeta apenas você, porque se consiste em um rodízio, onde todos os atendentes, durante um certo período de tempo, alteram as suas tarefas, porque apesar de se mostrar simples as nossas atividades, não podemos negar que o impacto em nossas emoções são por vezes fortíssimos.

"Acrescento ainda, que essas trocas são salutares não apenas para a nossa preservação, porém, e acima de tudo, para que recordemos Jesus em Seus sublimes ensinamentos. Destaco aqui um de Seus belíssimos exemplos, anotado por João em 13:12-17:

Depois que lhes lavou os pés, e tomou as suas vestes, e se assentou outra vez à mesa, disse-lhes: Entendeis o que vos tenho feito?

Vós me chamais Mestre e Senhor e dizeis bem, porque eu o sou.

Ora, se eu, Senhor e Mestre, vos lavei os pés, vós deveis também lavar os pés uns aos outros.

Porque eu vos dei o exemplo, para que, como eu vos fiz, façais vós também.

Na verdade, na verdade vos digo que não é o servo maior do que o seu senhor, nem o enviado, maior do que aquele que o enviou.

Se sabeis essas coisas, bem-aventurados sois se as fizerdes.

Senti-me mais aliviado com a recordação da belíssima passagem do lava-pés, no entanto, olhei-o interrogativamente para saber os próximos passos. Serenamente, ele considerou:

– Você poderá iniciar a terapia daqui alguns minutos e depois será dispensado para o retorno à casa. Amanhã, esteja pronto para o trabalho. Está bem assim?

Respondi afirmativamente, apesar de sentir-me um tanto frustrado, contudo, sendo muito racional o que me era indicado.

Levantamos na sequência e o Jake fez questão de levar-me até a sala para que tivesse início o tratamento, recomendando:

– Amanhã, bem como nos próximos dias, antes do início do seu plantão, apresente-se aqui para o passe energético.

Despediu-se com carinho, desejando-me paz.

CAPÍTULO 44

Estímulo ao bem

No retorno ao lar, a frustração era muito grande por sentir-me um tanto incompetente, dando mostras de um desequilíbrio emocional logo no primeiro dia.

Embora eu fora um "bon-vivant", sem responsabilidades imediatas no setor do trabalho e ter faltado com aquelas que exigiam minimamente o meu esforço, como frequentar as aulas e estudar, situações essas para o meu próprio bem, classificava as atividades em que eu houvera sido incluído, como uma empresa no plano terreno, onde muito provavelmente eu me encontrava em teste.

Conhecendo de longe esse panorama, mais por ouvir as conversas nas rodas sociais no meu lar ou em eventos junto à família, a minha transferência de posição logo no dia seguinte era o mote central das minhas decepções.

Adicionava-se ainda a indispensabilidade da terapia fluidoterápica, atestando de vez o meu estado pouco preparado para a função.

Finalmente alcancei o lar e, ao entrar, os meus anfitriões encontravam-se nas suas horas de serviço e, ao ficar só no ambiente, essas preocupações terminaram por se adensar em minha mente.

Uma ponta de constrangimento apresentou-se acelerada, porque eu teria que encarar o casal e contar-lhes o que acontecera, se é que já não seriam de alguma forma informados a respeito.

Interessante era a minha postura diante do que ocorrera, até porque, o meu hábito quando no planeta era de não me importar com coisa alguma. Percebia como a dimensão atual estava de certa maneira me tornando mais consciente das responsabilidades sobre a minha própria pessoa.

Não se tratava de um plano mágico, mas as passagens delicadas que eu experimentara, por mais revoltantes que elas pudessem ser a princípio, haviam colaborado para o início dessas mudanças. Cheguei mesmo, em determinado momento das minhas reflexões, agradecer a divindade pelo processo da dor, quando estive com os grupos que eu confundira como sequestradores.

Passadas algumas horas, o casal chegou e admirou-se que eu já estivesse em casa, literalmente largado no sofá da pequena sala. Não houve qualquer dificuldade para eles em notarem pelas minhas expressões que algo de muito desagradável ocorrera.

A Matilde foi quem iniciou o diálogo, surpreendendo-me pela pergunta:

– Kiko, como foi o seu primeiro dia de trabalho?

Eu esperava mesmo que ela indagasse sobre o meu estado, mas talvez, caso ocorresse, eu me aprofundasse em queixas ou vitimismo de imediato.

– Sinceramente, nada bem.

O casal, numa atitude de pleno suporte, sentou-se próximo a mim e foi a Matilde que continuou:

– Como assim, nada bem?

Procurei sintetizar os desdobramentos nos atendimentos e posteriores indicações do coordenador, o que me deixou além de frustrado, extremamente preocupado.

Eles sorriram de leve e foi o Gerson que, tomando a palavra, esclareceu:

– Você crê que é o único que passou por um experimento dessa natureza, Kiko?

"Este tipo de ocorrência é mais comum do que possamos imaginar. Verifique posteriormente o que falo com um dos seus colegas de turma, que foram alocados na mesma unidade ou em outras, no atendimento assistencial dos nossos irmãos e irmãs, e você se surpreenderá com alguns relatos.

"O mesmo ocorreu conosco, pois é normal determinadas conexões nos sentimentos e emoções com as manifestações dos assistidos, porque não somos criaturas insensíveis, e a insensibilidade só poderá apresentar-se em casos de profundo desequilíbrio.

"Note que é natural que o facultativo não atue diretamente nos seus entes queridos, por uma razão muito simples: o fator emocional envolvido. Não é assim?"

– É certo, Gerson, mas logo no primeiro dia?

Nesta altura, a Matilde, que segurava a minha mão com um carinho materno, foi quem prosseguiu:

– Meu querido, toda realização exige o primeiro movimento, que não apresentará o resultado com a perfeição que nós esperávamos. Apesar da preparação obtida no seu curso, no campo de ação, a teoria por vezes irá deixar muito a desejar.

"O importante sempre será o nosso compromisso com Jesus, porque quando nos envolvemos com Ele, estamos procurando materializar o bem, sendo o que mais nos importa.

"Então, nada de desânimo ou cobranças indevidas em procedimento autoacusatório, porque essas preocupações apenas minam nossas melhores energias, que serão úteis não apenas para o nosso aperfeiçoamento, como também, beneficiarão em muito os nossos assistidos.

"Todos nós, cabe-nos cumprir com as nossas propostas no terreno do voluntariado, compreendendo que cada movimento no bem, é um tijolinho, por menor que seja na construção do reino divino em nós, refletindo através do nosso exemplo e disposição nos semelhantes.

"Na edificação do bem, todos são indispensáveis. Portanto, nada de desânimo. Amanhã, atenda as indicações com a alegria do servir, porque recordando Jesus em Lucas 10:7: *digno é o trabalhador do seu salário.*"

Agradeci a injeção de ânimo recebida e, para que eu não continuasse naquela vibração derrotista, ambos mudaram de assunto, convidando-me a sentarmos à mesa, para lermos e refletirmos sobre uma página do Evangelho.

CAPÍTULO 45

Créditos de
serviço

Eu não poderia achar que coincidências existiriam na criação divina, pela lição que o Evangelho segundo o Espiritismo ao ser aberto ao "acaso" apresentou-nos para as nossas reflexões: Capítulo VI - O Cristo Consolador, com o texto de Mateus, 11:28 a 30: *Vinde a mim, todos os que estai cansados e oprimidos, e eu vos aliviarei. Tomai sobre vós o meu jugo, e aprendei de mim, que sou manso e humilde de coração; e achareis descanso para as vossas almas. Porque o meu jugo é suave, e o meu fardo é leve.*

Animado, ou porque não dizer mais conscientizado, parti para as minhas atividades no dia seguinte, fossem elas quais fossem, atento ao meu compromisso com Jesus, o que alterou em muito a minha análise do serviço a ser realizado, uma vez que entendi que o importante é servir a causa do bem.

Com esta determinação em meu voluntariado, de uma forma geral, tudo se tornou muito simples, e com a terapia fluidoterápica de reforço, quando do seu término, eu reassumia a posição de atendente, agora um tanto mais equilibrado em minhas emoções e sentimentos.

Não que em algumas oportunidades eu não chegasse a me emocionar, como também ocorria com os demais colegas, mas era algo controlável até certo ponto, pois não somos criaturas de pedra diante do sofrimento dos nossos semelhantes, que muitas vezes, talvez mesmo na grande maioria delas, superava de longe o que eu houvera experenciado.

Dependendo do caso mais grave que era atendido, desde que a pessoa estivesse se sentindo e fizesse bem para ela narrar algum episódio, eu acompanhava atentamente e, não raro após a ocorrência, por vezes eivada de muita dor, preferia me dirigir à salinha de descompressão para orar e refazer-me energeticamente.

Todas essas atividades foram me dando créditos para algumas e importantes movimentações, aliadas sempre ao equilíbrio necessário, em atividades internas ou por vezes externas, onde prestávamos auxílio na recepção de alguns dos nossos irmãos e irmãs resgatados, serviço esse que era realizado nas portas da instituição, por serem reservadas as excursões a voluntários altamente preparados, coisa que estava ainda um tanto distante para o meu envolvimento.

Mas uma notícia dada pela Matilde me surpreendeu sobremaneira: pelos créditos alcançados, eu poderia visitar os meus pais, sob a supervisão do casal que me abrigara, como se eu fora literalmente um filho adotivo naquela altura.

Emocionei-me com a possibilidade, uma vez que eu realizaria o evento, não apenas sustentado pelos anfitriões queridos, mas acima de tudo, por estar um tanto mais equilibrado em relação aos meus sentimentos, uma vez que apenas os créditos de serviço não eram o ponto central da permissão desse tipo de visita.

Marcamos um dia na semana e iríamos durante a noite, para poder encontrá-los já desdobrados do corpo físico através do processo natural do sono.

Eu precisaria administrar a minha ansiedade até aquela data.

CAPÍTULO 46

A visita

Como eu já possuía plena certeza de não termos nos tornado sombras que vagam, as relações de amizade conquistadas em nossa dimensão são também muito sagradas como aquelas que realizamos na Terra.

Assim sendo, com a notícia relativa aos meus créditos que permitiam a minha visita, agora em outro patamar de compreensão sobre a vida e a sua continuidade, entrei em contato com os amigos da instituição que me recebera inicialmente, para contar as novidades.

Como não consegui falar com todos, o Maurício, sempre muito atencioso, se encarregou de repassar as boas novas para os demais, me felicitando sobre as conquistas.

Apesar da simplicidade, esse mérito motivava-me a continuar seguindo no serviço ao semelhante, que no final, beneficiava primeiramente a mim mesmo, pelo nível de aprendizado e exercício de resignação e doação, confirmando a realidade da vida, seja onde ela possa se expressar, que todo nós estamos ligados pelo amor do Criador.

Os dias se passaram com a busca de um controle um tanto delicado sobre a minha ansiedade e, finalmente, a data da visita foi marcada, porque não seria uma excursão exclusiva, e sim contemplava também outras pessoas, sendo que algumas delas tinham certa rotina visando a assistência não limitada apenas aos familiares, e outras, tais como eu, atendiam na primeira oportunidade.

O Gerson e a Matilde me convidaram para que embarcássemos em área específica de nossa cidade, em veículo de razoável proporção, abrigando um número aproximado de sessenta pessoas, com características de locomoção aérea, num desenho relativamente próximo dos nossos aviões, contudo, sem as asas e demais motores gigantescos.

Fui rapidamente esclarecido que veículos dessa natureza ainda demorariam certo tempo para que tal tecnologia fosse utilizada no planeta, pois o básico da sua movimentação era por eletromagnetismo. Pelo meu completo desconhecimento, foi a melhor explicação que me seria dada naquele momento.

Embarcamos, e tão logo ocorreu a sua locomoção em sentido vertical na decolagem, as janelas foram escurecidas e, mais uma vez, o intuito era para preservar-nos, pelos menos os mais neófitos, das imagens que cercavam a nossa cidadela, onde ainda grassava fortemente o desequilíbrio.

Creio que o percurso não demorou mais do que uma hora e logo desembarcávamos relativamente próximo do endereço onde eu residira, não antes de deixarmos outras pessoas em locais de trabalho ou visitação.

Nos locomovemos a pé até o local, sendo dirigidos pelo Gerson, com o meu coração aos saltos, apesar de procurar manter-me o mais equilibrado possível.

O céu límpido e a iluminação das ruas contando com a Lua cheia, parecia-me que o ambiente se tornara um tanto mais agradável, ou talvez, a minha completa falta de observação, desprezando valores básicos quando encarnado, nunca dera a devida importância da beleza simples que O Senhor nos presenteia em todos os instantes da nossa existência.

Alta madrugada, alcançamos aquela que fora a minha residência por um curto período de tempo, a qual mantinha as mesmas características. Avançamos e adentramos a primeira sala, nos dirigindo para o quarto dos meus pais, localizado no segundo piso.

O Gerson, que seguia à frente, parecia conhecer de certa forma o ambiente ou talvez houvesse alguma indicação anterior, pois a sua mobilidade era espantosa. A Matilde ia ao meu lado, literalmente para dar-me a devida sustentação, para que as minhas emoções não alterassem os planos traçados de uma visita breve, porém, equilibrada.

Para a minha surpresa, a minha mãe parecia aguardar-me, como se fora devidamente informada, e veio em minha direção, abraçando-me demoradamente, onde por nossa vez, derramamos lágrimas de alegria, como se eu estivesse retornando ao lar depois de uma longa viagem.

Cobrimo-nos de beijos e, ainda abraçados, ela cumprimentou os meus acompanhantes com gratidão sincera.

Já o meu pai, muito preocupado com os seus negócios, sentado em uma poltrona próximo ao leito, parecia perder-se em inquietações, não registrando a nossa presença.

Compreendi que, em sua vida, as responsabilidades eram muitas e, pouco afeito aos aspectos de sua espiritualização, era óbvio o que estava ocorrendo.

Aproximei-me tendo a minha mãe ao meu lado e ambos o abraçamos demoradamente, cobrindo-o de beijos, sendo que a minha própria mãe também não era registrada por ele, tamanho o seu isolamento mental.

Mas, por um instante, ele parou como se buscasse na memória algo que lhe tocava o coração profundamente, para voltar em seguida às suas elucubrações relativas aos negócios.

Demorei-me ainda uns poucos minutos, informando a minha querida genitora do meu estado e prometendo visitá-la com a regularidade que me fosse possível. Nos despedimos ainda sob forte emoção, sendo que o Gerson aplicou-lhe a fluidoterapia para que ela, ao retornar ao corpo somático e despertar, mantivesse parte das lembranças desses momentos tão caros.

Por minha vez, fui envolvido por um abraço carinhoso da Matilde, que na verdade, me transmitiu energias de grande sustentação. Feliz e emocionado, fomos orientados pelo Gerson que era a hora de partir.

CAPÍTULO 47

Desafios futuros

Preferi aguardar a chegada à casa para algumas questões, até porque as emoções ainda se encontravam muito exaltadas no meu íntimo, pela tremenda oportunidade de rever os familiares queridos, mesmo de forma breve.

Quando nos encontrávamos no aconchego do lar e devidamente acomodados, indaguei os meus anfitriões a respeito da nossa empreitada.

– Notei com admiração a postura da minha mãe, devido a sua clareza. Recordo-me que tal condição não fazia parte de suas ocupações, quanto àquela demonstrada sobre a continuidade da existência.

Foi a Matilde quem procurou responder:

– Veja você como sempre é tempo para as mudanças, ocasionadas por vezes, não obrigatoriamente, por eventos inesperados.

– Como assim, Matilde?

– A sua partida da esfera terrena motivou o início das alterações constatadas, porque um coração materno sempre irá procurar o lenitivo do encontro dos seus entes amados, principalmente aqueles de sua geração.

"Não estamos colocando com essa afirmação, exclusividade, mas apenas fazendo menção mais diretamente à sua genitora, porque temos sempre que considerar a disposição de cada Espírito, esteja ele na dimensão em que se encontrar, porque o amor é exercício de potencialidade superior e divina, ínsito em cada um de nós.

"Bem, conforme falamos inicialmente, os valores mantidos pela sua mãe, sofreram significativas alterações, e na busca de um conforto ou melhores explicações, ela encontrou em uma das pessoas do seu círculo de amizades que terminou por encaminhá-la a uma instituição espírita, onde as leituras e os estudos sistematizados em torno do Evangelho e da Doutrina como um todo, além da prática da caridade, que é a renovação por excelência, porque exercitados os mencionados potenciais em nós, pode alterar o curso de sua existência.

"Todavia, não podemos olvidar que as nossas mudanças não irão necessitar mandatoriamente do concurso da dor para que elas sejam efetivadas, porque o nosso nível evolutivo atual, nos permite a clareza necessária para nos des-cobrirmos, como Espíritos em crescimento que todos nós o somos."

– Matilde, como foram conseguidas todas essas informações?

O Gerson, entrando no assunto, procurou es-clarecer:

– Quando das visitas, buscamos nos inteirar dos episódios mais importantes daqueles que serão contatados, para que ela por si só, seja a mais proveitosa possível.

– E no caso do meu pai, Gerson?

– Este será o seu desafio, Kiko, em futuro muito breve.

– Desafio?

– Nossa vida nos apresenta sempre as possibi-lidades de servir, logo, com o passar do tempo, a sua presença junto aos seus familiares, poderá ser intensificada, sendo capaz então, trabalhar para o esclarecimento do seu pai no devido tempo, o qual vive ainda mergulhado em profundidade nos seus negócios, válidos, sem dúvida alguma, uma vez que beneficia muitas pessoas direta e indiretamente, mas, no quesito espiritualização, ele está tão envolto nas suas ocupações e muito mais em preocupações, que trazem apenas um desgaste energético sem um fim útil, que necessitará de apoio para integrar-se em si mesmo, continuando com as suas responsabilidades óbvias, mas também, dando o devido tempo a sua pessoa, cuidando do patrimônio real que somos: Espíritos que estagiam em um corpo material mais adensado, para o devido desenvolvimento."

As colocações do casal não poderiam ser mais claras e objetivas. Grato que me encontrava com o que houvera sido exposto e ciente das minhas novas atribuições em tempo oportuno, pedi para me retirar ao meu aposento, pela quantidade de assuntos a serem refletidos.

CAPÍTULO 48

O bem pelo bem

Os trabalhos voltaram à sua regularidade e, um tanto mais equilibrado, eu reassumia a minha posição original de atendente, sabendo que os rodízios eram naturais para todos, quando nos posicionávamos diretamente no salão para o encaminhamento dos assistidos.

Com o Gerson, nos programamos para o início das visitas que seriam realizadas ao meu pai, investindo na proposta de estimulá-lo também à sua espiritualização.

A Matilde não pôde nos acompanhar na segunda oportunidade por estar compromissada com as suas atividades, e fomos então, eu e o meu anfitrião, para mais uma das nossas assim tratadas como investidas em nome de Jesus.

Viagem tranquila e rápida na madrugada de um dia normal da semana, onde ao desembarcarmos fomos recebidos pela minha mãe sob a evidente emoção do reencontro.

Antes que adentrássemos ao interior da casa, ela comunicou:

– Teremos companhia de algumas pessoas que acabaram de chegar.

Pela interrogação que se estampou em meu rosto, ela prosseguiu:

– Trata-se de um pequeno grupo monitorado pelo senhor Jonas, que segundo fui informada, vieram para auxiliar-nos na tarefa junto ao seu pai.

Em primeiro lugar, surpreendia-me a lucidez da minha genitora, que desdobrada de seu corpo físico, se expressava com tamanha naturalidade e tranquilidade, mas, como a minha dúvida quanto a presença de terceiros não fora de toda elucidada, perguntei ao Gerson diretamente:

– Você foi avisado?

– Rapidamente, contudo, achei que a surpresa poderia lhe fazer bem, como um estímulo ao serviço a ser iniciado. Vamos entrar e nos apresentar ao grupo.

Avançamos residência adentro, e ao alcançarmos o quarto do casal, encontramos meu pai acomodado em uma poltrona, já devidamente desdobrado, mas em estado anestésico, sem dar-se conta do que ocorria no processo do sono natural.

Próximo a ele, um pequeno contingente de cinco pessoas, três homens e duas mulheres, sendo que um dos cavalheiros veio em nossa direção, dando-nos as boas-vindas, apresentando-se e, em seguida, procedendo o mesmo com os demais componentes.

Feitas as saudações iniciais, foi o Jonas, como o coordenador do grupo, que esclareceu:

– Os nossos irmãos e irmãs são trabalhadores em uma das instituições relativamente próxima desta residência, pois, na dimensão que nos encontramos, utilizamos de uma casa espírita como nossa base.

– Serviços dos reencarnados durante o dia e nossa continuidade durante a noite. – afirmei.

O meu interlocutor bem-humorado, completou:

– A continuidade é completa, não meu jovem? O que seria se ao sairmos definitivamente do nosso corpo somático, nos transformássemos como mero dependentes da bondade divina. Tudo é trabalho para aqueles que se interessam em progredir.

"Bem, continuando, os mencionados voluntários que tenho a honra em estar como um simples colaborador, na condição de monitor, foram funcionários de empresas do seu pai, beneficiados pela bondade dele, quando de suas necessidades em se estabelecer em definitivo próximo aos seus locais de trabalho, em casa de suas propriedades."

Fiquei boquiaberto com o que me era dito, porque sempre via na figura paterna um homem frio e materialista, voltado apenas para o resultado dos seus negócios.

Admirado com a informação, expressei o meu ponto de vista a respeito do meu genitor.

Dessa vez, foi o Gerson que me socorreu, esclarecendo:

– Note, Kiko, que o fato de encontrarmos materialistas no planeta e mesmo em nossa dimensão, por mais estranho que possa parecer, não os isenta de praticarem o bem pelo bem, sem qualquer outro interesse.

Eu estava pasmo, quando uma das senhoras presentes, componente do pequeno grupo, de nome Rosália, avançou dizendo:

– Não apenas nós que nos encontramos aqui com o interesse de auxiliá-lo junto ao seu pai, para que o devido esclarecimento ocorra em menor tempo, mas outros ainda, incluindo funcionários de sua casa, terminam por receber auxílio, motivados pela sua mãe, porém, ele mesmo, apesar de mostrar-se por vezes inflexível em seus valores, em determinados casos, com aqueles que se destacam pela dedicação em suas atividades, são auxiliados com um bônus em espécie para que apliquem no que lhes seja mais adequado.

Sob o impacto positivo das colocações, eu voltei-me para a minha mãe, dizendo:

– Jamais poderia supor que tal acontecesse.

Ela, sorrindo, esclareceu:

– Posso garantir que a sua partida mexeu tão profundamente conosco, que mesmo o seu pai, ainda mantendo-se um tanto distante dos interesses espirituais, de certa maneira, age com maior cuidado em relação às pessoas. Não se trata de uma alteração que agrida os seus valores pessoais, contudo, está sutilmente ocorrendo.

O Gerson adiantou-se e então convidou:

– Pessoal, depois desses importantes e breves esclarecimentos, vamos à assistência ao nosso irmão, onde o Kiko e sua mãe farão a ponte da transmissão energética que aplicaremos, sabedores que somos que os resultados acontecerão ao longo do tempo. Vamos trabalhar!

CAPÍTULO 49

Verdadeiros faróis

O Gerson e o Jonas, juntamente com os demais, formaram um círculo, tendo ao centro eu e a minha mãe, que nos aproximamos do meu genitor, colocando as nossas destras na direção do centro do seu crânio.

A pessoa que se encarregou da prece foi o Jonas e, à medida que ele foi orando, com palavras simples, mas repletas de muito sentimento, uma atmosfera radiante se fez presente, onde luzes safirinas envolveram todo o ambiente num espetáculo que me surpreendeu pela beleza sutil e ao mesmo tempo encantadora.

Energias ativas emanadas pelo grupo eram direcionadas tanto para mim como também à minha mãe, para depois serem transferidas para o meu genitor, que agora entrava em um tipo de sono tranquilo e não mais apresentando uma condição anestésica.

À medida que esses fluidos superiores iam sendo assimilados por ele, seu rosto demonstrava profunda paz, emocionando-nos pela beleza do momento.

Gradativamente, a assistência foi se encerrando e o ambiente voltando ao normal, entretanto, um suave perfume de flores silvestres impregnou o local, como se atestasse todo o trabalho de amor realizado em favor do nosso assistido.

As instruções posteriores foram dadas pelo Gerson, que informou-nos da necessidade das aplicações fluidoterápicas semanais, até o possível despertar de meu pai na dimensão onde nos encontrávamos.

A gratidão se estampou na minha face, pela perspectiva de visitar os meus familiares com regularidade, contando com o auxílio de pessoas tão interessadas em beneficiá-los, materializando à minha frente que o amor é retribuição regular no Universo do Criador.

Nos despedimos sob as saudáveis emoções e tão logo embarcamos no veículo de transporte de retorno à nossa cidade, apresentei uma questão ao Gerson:

– Pelo estado em que o meu pai se apresenta, você crê em um despertar possível quando ele se encontrar desdobrado através do sono natural?

– Com toda certeza, Kiko, e em breve tempo, porque contamos com um reforço significativo em regime regular.

– Você se refere ao grupo que nos ajudou na tarefa?

– Não apenas, mas diretamente à sua mãe. Pela lucidez e constância dela no autodescobrimento, incluindo o enorme valor da prece, deveremos então alcançar o resultado esperado.

– Você citou a prece?

– Sim, porque quando oramos, não apenas beneficiamos a nós mesmos na ligação com o Criador, mas todo o ambiente que nos cerca, influenciando as pessoas e também, dependendo da nossa aplicabilidade e confiança, os vizinhos, uma vez que nos transformamos em verdadeiros faróis, a espraiar a luz em nosso entorno.

– Jamais havia pensado em tal possibilidade, Gerson.

– Não colocando de forma genérica, logicamente, mas ainda não nos apercebemos do poder da prece, pelo imediatismo em que por vezes vivemos, crendo que a natureza faria alterações em caráter urgente para nos atender.

"No entanto, à medida que vamos fortalecendo esse contato em regime contínuo, essa ligação vai ganhando naturalidade, fazendo parte da nossa vida, passando a ser a expressão do Criador na Sua criatura. Não nos esqueçamos que a herança genética do Senhor em nós, se assim posso me expressar por não encontrar terminologia melhor, é uma junção constante, reflexo Dele em nós e, consequentemente, de nós para os outros."

Gradativamente eu percebia o quanto precisava ainda me esforçar para fazer acontecer em mim uma ponta do que o meu interlocutor houvera alcançado. As provas não estavam apenas no seu conhecimento, repassado de maneira mais simplificada para o meu entendimento, mas, acima de tudo, pelo amor que parecia transpirar pelos seus poros, que o passar dos dias e suas ações, vinham comprovando.

Naquele instante, me calei e elevei meus pensamentos em gratidão a Deus por tudo de maravilhoso que me era proporcionado, de forma tão natural e simples.

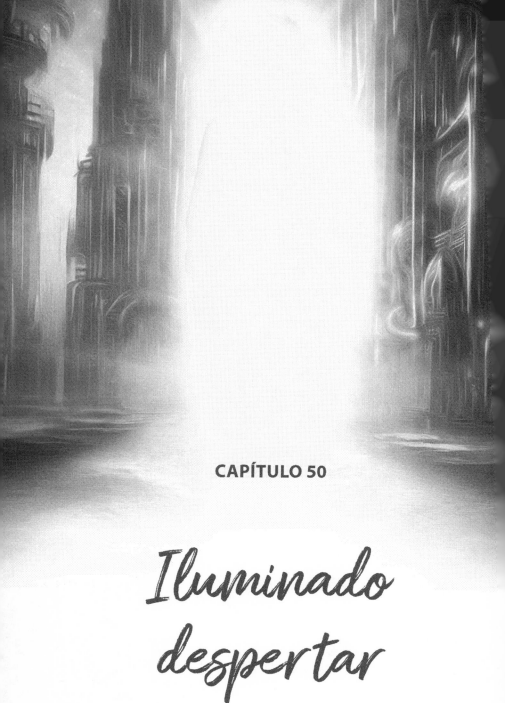

CAPÍTULO 50

Iluminado despertar

Os trabalhos na instituição assistencial continuaram dentro do padrão normal, e as nossas visitas semanais ao meu pai, com o auxílio do Jonas e equipe, onde em algumas oportunidades o Gerson era substituído pela Matilde, obedeceram a disciplina e a regularidade na terapia fluidoterápica.

Os encontros eram sempre lastreados em profundas emoções, principalmente ao ver a minha mãe cada vez melhor e mais esclarecida a respeito de ambas as dimensões, a física e a assim classificada como espiritual.

Foi debaixo de iluminados sentimentos que em uma das oportunidades, meu pai, que se encontrava desdobrado pelo sono natural, sentado na poltrona próximo à cama do casal e completamente absorto nos seus pensamentos de gerenciamento dos seus negócios, em determinado instante, como se a sua mente inicialmente vagasse para tempos outros, passou a falar consigo mesmo, num processo anímico de recordação e, para a nossa alegria, ele passou a perceber inicialmente o ambiente, para depois fixar-se na imagem da minha genitora e, em seguida, em mim, expressando-se com surpresa e fortes emoções ao me ver:

– Kiko, você está vivo! Quanto tempo se passou e eu acreditando que você houvesse morrido. Que pesadelo mais absurdo eu devo ter experimentado.

Era óbvio que, no seu estado um tanto aturdido, a minha passagem definitiva surgia para ele como se não houvesse ocorrido. Nesta oportunidade, eu contava com a companhia da Matilde, que solicitou o esclarecimento adequado:

– Ninguém morre meu pai, apenas continuamos vivendo em dimensão diferenciada desta que por vezes valorizamos tanto e cremos ser a única.

"Somos filhos e filhas do Criador e nenhuma de suas criaturas possui um tempo limitado de existência, porque a vida é uma só, com as alterações apenas no campo da personalidade, até o dia em que nos fixemos totalmente em nós, em nossa realidade de Espíritos imortais."

Ele ficou a refletir por um momento nas minhas palavras, para dizer em seguida:

– Kiko, como você está mudado. Quanta maturidade num garoto.

– Te agradeço, meu pai, mas não sou mais o adolescente que deu tanto trabalho para você e também à minha mãe.

Ele, de súbito, levantou-se e como registrava apenas a minha presença e da minha genitora, aproximou-se um pouco mais e abraçou-nos demoradamente, para completar tocado até as lágrimas:

– Muitas coisas eu não entendo, mas o que importa é estarmos juntos.

Todos os presentes se emocionaram também pela beleza simples do momento, até que a Matilde e o Jonas passaram a aplicar energias no coronário do meu genitor, levando-o de volta ao seu corpo, solicitando que a minha mãe fizesse o mesmo, pois ele despertaria em seguida.

Em questão de segundos, de fato o que fora dito aconteceu e ambos acordaram quase em paralelo, quando ele, virando-se para a minha mãe, falou ainda muito impressionado:

– Sonhei com o Kiko, que pareceu-me tão vivo e por alguma forte razão estava nos visitando.

A minha mãe, com muito tato, completou:

– Pode ser querido que ele realmente tenha nos visitado, porque segundo os meus estudos, que aliás, se você quiser poderá me acompanhar, ninguém morre, somente o corpo é que passa por tal transformação.

Deu-me a impressão de que ele voltou à sua mente para as imagens registradas em nosso encontro, para encerrar:

– Pode ser, quem sabe?

A felicidade me invadira de todo, não apenas pelo contato em si com os meus familiares, mas acima de tudo por conta do início da abertura que o meu pai sinalizava a respeito de sua própria vida. Era o começo, mas o que importava, era o despertamento consciencial à luz da razão, aliada ao sentimento, que gradativamente vai surgindo do nosso íntimo, como potencial que é em cada um de nós.

Com um sinal da Matilde nos retiramos, e ao nos despedirmos do Jonas e dos demais componentes, a minha gratidão se materializou nas lágrimas de profunda felicidade por uma conquista sutil, mas iluminada pela divindade, através do esforço de cada um que ali estava presente.

Realmente se confirmava o auxílio do Nosso Senhor e Mestre, utilizando-nos como ferramentas úteis em suas abençoadas mãos.

CAPÍTULO 51

Fazer o melhor

Ao desembarcarmos, o Gerson nos aguardava e, vendo a minha alegria, fez questão de compartilhar conosco o sucesso da empreitada.

Narrei empolgado o que sucedera e fui parabenizado pelos resultados, extensivamente ao grupo todo que participara.

Apesar do estímulo, eu sabia que devia muito ao casal anfitrião, cujos sentimentos eram de profundo amor, construído a cada dia de convivência.

Quando chegamos em casa, ainda sob os maravilhosos efeitos dos felizes acontecimentos, questionei o meu tutor:

– E agora, Gerson, o que será daqui por diante?

O casal sorriu, considerando a minha ansiedade e fui logo atendido:

– Kiko, além da assistência aos seus pais, o trabalho prossegue na instituição a qual servimos, até porque, ele é o sustentáculo do nosso equilíbrio, promovendo ao mesmo tempo, as possibilidades do aperfeiçoamento.

"Recordando Jesus em João 5:17: E Ele lhes respondeu: *Meu Pai trabalha até agora, e eu trabalho também.*

"Aprendemos com o Mestre o valor do serviço em si para o nosso engrandecimento em todas as dimensões que nos encontrarmos e em qualquer tempo, em nossa evolução permanente, cujo maior modelo para o nosso planeta sempre será Ele.

"Respondendo diretamente a sua pergunta, cabe-nos o servir, conforme falamos, e aguardar que nos posicionemos corretamente, para sermos um dia e, não importa quando, merecedores da chance de retornarmos à Terra, para não apenas refazermos, mas sim, participar do processo de crescimento nosso, incluindo também os nossos semelhantes, para que, juntos, alcancemos a glória de amarmo-nos uns aos outros, recomendação esta, também feita por Jesus.

"E agora, Kiko? Frisando: continuemos fazendo o melhor ao nosso alcance, com a confiança plena de que o Senhor providenciará os recursos necessários para que alcancemos os nossos objetivos."

Para maiores informações sobre as obras
e atividades do autor, consulte os sites
pelos endereços ou apontando
seu celular para os QR Codes:

 umbertofabbri.com.br

 divulgadorespirita.com.br

CONHEÇA OUTRAS OBRAS DO AUTOR:
EM INGLÊS:

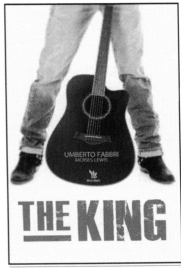

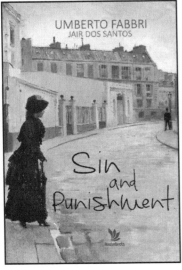

CONHEÇA OUTRAS OBRAS DO AUTOR:

EM PORTUGUÊS:

CONHEÇA OUTRAS OBRAS DO AUTOR:
EM PORTUGUÊS:

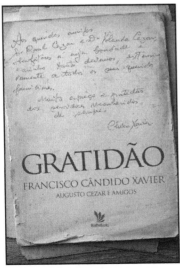

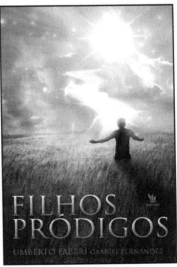

CONHEÇA OUTRAS OBRAS DO AUTOR:
EM PORTUGUÊS:

CONHEÇA OUTRAS OBRAS DO AUTOR:
EM PORTUGUÊS:

CONHEÇA OUTRAS OBRAS DO AUTOR:
EM PORTUGUÊS:

CONHEÇA OUTRAS OBRAS DO AUTOR:
EM PORTUGUÊS:

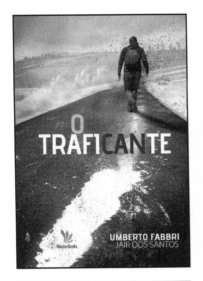

CONHEÇA OUTRAS OBRAS DO AUTOR:

EM PORTUGUÊS:

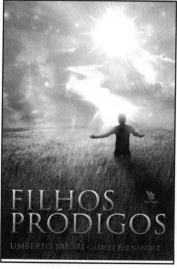

Made in the USA
Columbia, SC
20 September 2023

23024866R10198